理解

现实

困惑

镜度
PSYCHOLOGY

The Ultimate Relationship Workbook for Couples

亲密关系的简单对话

[美] 阿里·西特纳 著

邓林园　李章彤 译

中国纺织出版社有限公司

内 容 提 要

每一段亲密关系都会有冲突，每一段婚姻都存在危机和挑战。大部分婚姻和伴侣的崩溃时刻来自语言和对话。本书作者从大量的真实伴侣对话场景中，找到因沟通误区导致的危机时刻，通过书写练习、引导式的对话，经过科学和经验证明的咨询建议，为每一对伴侣提供了简单可行的"沟通病"解决工具。本书涉及婚姻主题的方方面面，包括如何管理金钱、如何处理大家族的问题、如何解决性的问题、如何解决信任与背叛等，具有较强的可读性和实用性。

图书在版编目（CIP）数据

亲密关系的简单对话 /（美）阿里·西特纳著；邓林园，李章彤译 . -- 北京：中国纺织出版社有限公司，2023.5

书名原文：The Ultimate Relationship Workbook for Couples: Simple Exercises to Improve Communication and Strengthen Your Bond

ISBN 978-7-5180-9663-3

著作权合同登记号：图字 01-2022-6012

Ⅰ. ①亲… Ⅱ. ①阿… ②邓… ③李… Ⅲ. ①婚姻－家庭关系－通俗读物 Ⅳ. ①C913.13-49

中国版本图书馆CIP数据核字（2022）第146439号

责任编辑：关雪菁 宋 晨 责任校对：高 涵
责任印制：王艳丽

中国纺织出版社有限公司出版发行

地址：北京市朝阳区百子湾东里 A407 号楼 邮政编码：100124

销售电话：010—67004422 传真：010—87155801

http://www.c-textilep.com

中国纺织出版社天猫旗舰店

官方微博 http://weibo.com/2119887771

北京华联印刷有限公司印刷 各地新华书店经销

2023 年 5 月第 1 版第 1 次印刷

开本：787×1092 1/16 印张：15

字数：123 千字 定价：68.00 元

译 者 序

曾经有人说过这样一句话："好的关系让彼此都成为更好的自己。"反之亦然。不过，要想在关系中成就自己，仅仅把希望寄托在对方身上是不够的。关系中的双方都要为这段关系，为关系中的彼此承担应尽的责任。

在婚姻与亲密关系的研究方面，约翰·戈特曼（John Gottman）的团队很有影响力，他们的畅销书《幸福的婚姻》（*The Seven Principles for Making Marriage Work*）非常受欢迎。本书的作者正是该团队的成员之一——阿里·西特纳（Ari Sytner）。如果说《幸福的婚姻》为我们揭示了为什么有的婚姻会幸福，而有的婚姻会遭遇不幸，那这本《亲密关系的简单对话》则为我们提供了一把钥匙亦或一张寻宝图，让我们能够一步步地打开亲密关系的大门。只是这在个过程中，伴侣双方需要并肩作战，缺一不可。

这本书结构清晰、深入浅出，从几个典型的家庭故事开始，通过一个个简单却又实用的伴侣互动练习，作者带领我们一起寻找让关系变得更加亲密的法宝。这既是一本伴侣治疗的专业工具书，也是日常生活中的伴侣用以改善亲密关系的自助掌中宝。

全书共 25 章，分为五大部分：我们的故事、我们的信念、我们的冲突、家庭问题、性与亲密。第一部分"我们的故事"主要介绍了伴侣双方各自在亲密关系中扮演的角色，以及彼此之间的沟通方式、价值观、爱等因素如何影响了亲密关系的质量和发展历程；第二部分"我们的信念"主要介绍了在婚姻中，伴侣双方如何在彼此的个性与亲密关系这一整体之间划定清楚的边界，寻找一个适当的平衡点，使双方既能保持独立性，又能享受亲密关系带来的安全感和支持性；第三部分"我们的冲突"则聚焦于如何用更积极、有效的方式面对伴侣关系中的冲突，在保证亲密关系不被冲突击垮的同时，双方还能在冲突中增进亲密感，共同成长；第四部分"家庭问题"将亲密关系拓展到家庭关系的范畴，这一部分既包括了原生家庭的议题，也包括了从二人世界向为人父母的角色转变的议题；第五部分"性与亲密"则聚焦于在亲密关系中很多人都羞于谈论却对其产生至关重要影响的议题——性与爱的表达。

在本书中，每一章都会聚集于一个伴侣生活中的具体问题，包括了非常普遍的金钱、原生家庭、价值观、忠诚、性等方面的内容。虽然每一章的篇幅都不长，但作者会从案例入手，经过细致的专业分析和解读，利用"问题解析""畅所欲言"和"知识拓展"三大模块，层层递进，帮助伴侣们一步步地有效解决相应的亲密关系议题。

如果伴侣双方对亲密关系质量的改善都有需求，并愿意在行动上付出努力，请试一下沿着我们这本"工具书"规划的路线（系统式阅读），或者挑选一些感兴趣的"景点"（打卡式阅读），按照作者提供的步骤，开启亲密关系的改变之旅。相信你们一定会有意想不到的收获！

邓林园

北京师范大学教育学部教育心理与学校咨询研究所副教授

耶鲁大学访问学者，家庭教育指导专家

中国心理学会婚姻家庭心理与咨询专业委员会委员

中国社会心理学会婚姻家庭专业委员会委员

致我最爱的 ZC

于我而言，和你一起的每一天都无比珍贵，
我永远因可以向你学习、与你在一起共建
我们的家园而心怀感激。

CONTENTS
目录

187 **Part Five**
第五部分 **性与亲密**

引　言

2012 年的时候，我将我的一个肾捐给了一位独居在以色列的单身母亲。这是我生命中最具革命性并值得铭记的经历。我还想要做更多的事情来挽救更多人的生命，但我只有一个肾了。因此，我开始坐下来书写我的故事，并出版了一本书——《一名肾脏捐赠者的旅程》(*The Kidney Donor's Journey*)。我的动机很单纯，我想用我的知识和经验激励那些和我有着类似经历的人。从那时起，我受到了无数读者的启发与鼓舞，他们因我描述的经历向我表示感谢，并分享了这本书是如何让他们亲历肾脏捐赠的体验的。

看到我对他人生活的这种影响，我决心重新审视自己，并将所学分享给有需要的人。作为一名伴侣治疗师，我曾有幸受教于鼎鼎有名的关系专家戈特曼夫妇。我十分有幸可以站在巨人的肩膀上，并向世人分享从数十年的实证研究中获得的一些见闻和建议。我每天都非常珍惜可以帮助每一对来访的伴侣在关系中建立或是重建真正的亲密、信任、理解、忠诚与热情的机会。作为一名有同理心的乐观主义者、一个真正的浪漫主义者，我认为这份工作的意义与乐趣并存。

现在，我自己的婚姻已经迎来了第三个 10 年。无论是从个人角度，还是从专业角度，我都十分赞同著名心理治疗师、关系专家埃丝特·佩瑞尔（Esther Perel）的观点——伴侣在他们的一生中通常会经历三种婚姻（通常是和同一个人）。随着年龄的增长，伴侣从婚姻中感受到的质量与幸福感会发生变化。伴侣刚结婚时的感受与孩子诞生后的感受会非常不同，而当孩子离开家时，两人又会有新的体验。

伴侣双方需要良好的沟通技巧以顺利渡过婚姻中发生的转变。世界上没有完美的伴侣，也没有不吵架的伴侣。无论何时，只要两个人在一起的时间久了，就必然会产生分歧。然而，通过学习如何就婚姻中产生的问题与对方沟通（有效沟通），相爱的伴侣就可以弥合他们之间的分歧并更加理解对方。

尽管，在这寥寥数页中展示如此多的研究、经验和一些实用的信息是非常具有挑战性的，但我还是写了这本书，希望可以分享给每一对伴侣（无论他们处于关系中的哪个阶段）一些关键的技能，帮助大家与伴侣在情感上更加契合，能够长长久久地在一起。

◀ **这本书是写给谁的?** ▶

我希望这本书不仅仅能传达有效的信息，更能激励和鼓舞每一位读者。本书结合了基于技能的练习、研究数据和相关观点，因此所有伴侣都可以来读这本书。本书旨在帮助那些在婚姻中挣扎或是濒临离婚的伴侣，但也同样适用于那些目前关系稳定并希望未来可以更好的伴侣。

无论你处于哪种状态——恋爱、订婚、新婚还是已经老夫老妻了，这本书都会帮助你加强沟通、再次夯实爱的基础。你可以通过建立这种坚不可摧的纽带来提升友谊、关系与激情的质量，让你的亲密关系更加亲密。

思考一下这四个例子吧：

1 亚历克斯和蕾切尔深深地爱着彼此，但不知道为什么，他们要是不大喊大叫、相互指责、相互攻击，就没办法解决一个小小的分歧。在这种冲突中，他们感觉不到幸福，都很挫败。未来他们的关系将何去何从，在充满争吵的环境下长大的孩子会不会受影响，这些都让他们非常担心。尽管他们都很想做出改变，却苦于不知道有什么其他的沟通方式。

2 卡米利尔和她的老公艾伦已经生活了 20 年了，他们养育了 4 个非常优秀的孩子。现在，最小的孩子也要离开他们了。他们第一次面对这一严峻的现实——家里只有他们两个人了。他们已经很久没有真正地建立联系了，因此有两个选择摆在他们面前——离婚或是重新点燃他们之间的爱的火花。

3 雷内和萨拉是另一个典型的例子。他们已经谈了 4 年的恋爱并一直希望最终可以一同迈入婚姻的殿堂。然而，每当他们开始讨论订婚，各种各样的借口就会出现。其实，他们在内心深处都很清楚，这源自他们彼此都无法确定对方是否就是那个对的人。结果就是，他们没有充分的理由让关系更进一步，也不甘心就此分手。

4 当哈桑向艾希莉求婚时，这是两人一生中最幸福的时刻。他们两人的关系非常好，特别幸福。作为非常感性的人，他们沟通很顺畅，很少吵架。然而，当讨论一些诸如个人经济状况、孩子、工作等重要问题时，他们就开始变得焦虑。他们都认可现在两人的关系不错，但他们想要确保，即使将来遇到坎坷，他们仍能和对方好好地沟通。

这 4 对伴侣代表了可以从本书中获益的广大群体。这几对伴侣代表了我在日常工作中经常接触的类型，也是当我开始写这本书的时候，在我的脑海里浮现的类型。

本书中列出的任务最好由伴侣双方一起来完成，不过也可以是一方完成之后再交给另一方来完成。此外，只要有助于伴侣之间的关系修复，您就可以自由地使用本书，无论是将本书作为伴侣治疗的独立资源还是与其他婚姻疗法共用都是可以的。

我希望所有伴侣都受益于本书提供的信息与练习。无论年龄、性别、种族与民族、信仰，只要您处于一段基于承诺的关系中，那么这本书就是为您而写。

值得注意的是，尽管目前有许多关于亲密关系的资源，但本书有很多不同之处。您将发现：

> 本书尽管听起来像一本自助书籍，但有着坚实的实证研究基础；

> 本书收录了广大有伴侣的读者们所熟悉的、与他们息息相关的重
> 要话题；

> 本书旨在通过实际的活动与练习来帮助伴侣们进行有效的沟通；

> 无论是选择性地阅读与自己有关的章节，或是根据想要在关系中
> 解决的问题来逐篇阅读，您都会有所收获。

◢ 如何使用本书？ ◣

本书共 25 章，每一章都会聚焦一个具体的话题，促进伴侣双方进行更有效的沟通。本书包括了诸如金钱、姻亲、承诺、性、价值观、信任、冲突解决等伴侣相处时的重要问题。

每一章都由一对伴侣的故事来开启，有的故事来自我作为伴侣治疗师的日常工作（所有的姓名和信息都已经过处理）。每一章都会描述一个要具体解决的伴侣议题，以及伴侣如何处理这个议题。一起读过故事后，伴侣会发现三个练习模块，旨在帮助大家处理问题并在这一主题下让关系更进一步。三个练习模块如下：

"问题解析" 模块，包括一些书写练习，帮助伴侣面对、评估并剖析某一特定问题。

"畅所欲言" 模块，是引导性的伴侣对话，由一些需要伴侣之间相

互询问的重要的问题组成。这个模块通常建立在上一模块完成的基础之上。每次引导的对话都会包含一系列预先准备的问题，由伴侣 A 一次性问完伴侣 B，伴侣 B 每回答一个问题，伴侣 A 需要对其回答进行一个简短的总结（比如，"我听见你说……，是吗？"）。之后，双方互换角色。

在**"知识拓展"模块**中，伴侣会发现本章的核心观点以及一些帮助伴侣如何将所学用于实践的建议。

虽然你可能想直接进入"畅所欲言"模块，但切记，本书的每一部分都是彼此相关、环环相扣的。虽然你可能选择直接跳到某个章节，但请尽可能按照章节顺序完整地完成所有练习。有的伴侣可能倾向于先独立完成读故事和"问题解析"模块，之后再一起进行"畅所欲言"的练习。

如果一对伴侣试图解决某一特定的问题，那么最好先从分析这一特定问题相关的主题开始。表 0-1 列出了在伴侣亲密关系中会面对的一些共同主题，以及与之相关的章节。

◀ 表 0-1　亲密关系不同主题与章节对应表 ▶

主　题	相关章节
冲突	3,13,14,15,16,22
信任	3,6,7,8,12,16
经济	2,4,7,19

续表

主　题	相关章节
性与亲密	10,22,23,24
职业	2,4,9,11,21
压力	10,11,15,17,22
家庭动力	1,11,18,19,20
情感距离	1,3,11,25

◀ 对话的基本原则 ▶

恭喜你为了加强伴侣关系迈出了重要的一步。为了不浪费您宝贵的时间，同时也希望您可以在阅读每一章时有所收获，我想温馨提示一些基本原则。

1. 记住：你们是一个团队。

即使书中的练习会将你们划分为不同的角色——表达者与倾听者，但你们必须通过合作来共同完成沟通任务。成功的沟通不只是为了解决某个具体的问题或简单地达成意见一致，更重要的是，双方都能通过沟通感觉到被倾听、被认可（即使你们有不同意见）。

2. 包容彼此的情绪。

书中呈现的主题和引导性问题会使你对自己和伴侣都变得很敏感。因此，以接纳而非评价、批判的态度对待伴侣的情绪和观点就显得尤为重要。

3. 选择一个适当的时间和空间。

当宝宝哇哇大哭或是结束忙碌的一天、只想休息的时候，就不要试着去做书中的练习了。找一个合适的时间来享受这些情感交流吧。

4. 搞点仪式感，比如在开启新的主题前泡一杯茶或开瓶酒。

这些仪式化的活动可以调动你的情绪。有时你会感到有一点不舒服，这也很正常。为了完成书中的练习，为自己制造平静甚至是浪漫的情绪氛围是很必要的，这可能会帮助你沉下心来并进入必要的空间，最大程度地利用它们。

5. 保持开放与好奇。

既然我们最终的目标是相互理解，那么进行书中指导的对话时不应该像拔牙一样困难，而应当建立沟通的桥梁以更好地理解对方。当你越能保持一颗好奇心去面对伴侣身上让你感到费解或陌生的方面时，你们之间就越容易建立真正意义上的联结。

FOR COUPLES

第一部分　我们的故事

这一部分的主题可以帮助你讲述你们之间关系的故事，它们包含了：你们各自扮演的角色、你们的沟通方式、价值观以及可能最重要的部分——你们对彼此的爱意。对关系的发展理解得越深，越有助于你们处理生活中的难题。

01 爱要怎么说出口

CHAPTER 1

我们如何定义我们对彼此的爱？我们如何看待自己的过往，它又是如何影响我们的关系呢？

　　高中生谈恋爱听起来很可笑，不过，佩顿和泰勒就是这样。在 16 岁那年，他们不顾周围人的眼光，深深地坠入了青涩的爱恋之中。那时，他们无忧无虑，幻想着一起共度幸福余生。等到高中毕业，他们便计划上同一所大学。随着时间的推移，他们的感情越来越稳固。当然，他们也经历过一些风浪，但他们都成功化解了哪怕是最严重的争执。在经历了这些之后，他们坚信，他们就是彼此的灵魂伴侣，而作为灵魂伴侣，他们可以克服生活中的一切困难。

　　他们是如此地深信这一点，并在大学毕业的一年内订婚了。周围的朋友和家人并不太看好他们，还劝告他们——现在太年轻了，还不适合结婚。不过，他们还是按原计划进行了，毕竟他们深爱彼此，还有什么比爱情更重要的呢？

　　然而，毕业一年后，他们的信用卡就刷爆了，付不起新公寓的房租了。他们不愿意寻求帮助，因为那样的话可能就证明了父母是对的。同时，他们开始怀疑自己对于感情的信念。生活的重担和经济的压力使他们看到了彼此在关系中的黑暗面，而对他们来说，这些是如此陌生。面对这些，他们没能站在一起，共同迎接生活的挑战，反而开始变得缺乏耐心、提高嗓门、指责对方。

"我们怎么变成这样了？"泰勒不解地问道。

"我不知道，我一直认为，我们可以一起解决问题，但好像不是这样的。"佩顿说道。

泰勒叹了一口气，"我爱你，但我开始怀疑，我们是否真的合适。"

佩顿说："我明白，我感觉自己也并不真正了解你，甚至都快认不出'我们'了。"

对于像泰勒和佩顿这样的伴侣来说，想要依靠爱情渡过生活的难关，这再正常不过了。但哪怕是最坚不可摧的关系，也经不住生活压力的侵蚀。

人类学家海伦·费舍尔（Helen Fisher）在她所写的《情种起源：浪漫爱情的本质与化学》（*Why We Love: The Nature and Chemistry of Romantic Love*）中写道，爱情会使大脑分泌多巴胺、血清素等化学物质，让人产生快感。毫不夸张地说，陷入爱情的人会一下子觉得，整个世界都变得更"美好"了。从神经学的角度来说，在爱情中的他们可能真的看到了一个截然不同的世界。

这并不是一件坏事，恰恰相反，科学家们认为，爱是生物和进化的礼物，它可以帮助个体形成生存和生命延续所必需的依恋关系。对于在现实世界中苦苦挣扎的伴侣来说，坠入爱河为他们创造出解决生活问题的必要纽带。不幸的是，像银行和信用卡公司这些"外人"，它们是否出现并不以伴侣感情生活的状况为转移。这也是佩顿和泰勒矛盾的源头。以前处于兴奋状态的大脑很快就屈服于皮质醇、肾上腺素等压力激素。大脑感受到的绝望渐渐淹没了原有的兴奋。

好消息是，压力并不一定导致关系破裂。事实上，它是大脑自我调整的征兆。佩顿和泰勒面对的现实意味着他们需要经历一个关键的转变，不能再仅仅依靠快乐的感觉支撑关系，而要学会如何维持一段长久的关系。

问题解析 Work It Out

一开始，你只有一个人，后来，你有了另一半。这中间发生了什么？是什么变化让你突然想要进入一段伴侣关系？答案很简单：相识相知。你们越了解彼此，你们之间的关系也就越牢不可摧。

但随着伴侣关系的进一步发展（这是每段关系都会自然发生的事情），你们的关系可能会变质，任何伴侣都逃不过。这使伴侣感觉他们彼此很陌生，并开始怀疑他们的关系。因此，用心体会爱的感觉、激发爱的行为，这就变得极其重要。接下来，你将完成一个简单的练习，它旨在提醒你，你的伴侣做什么会让你感到脸红心跳（见表1-1）。

在表 1-1 中，请列出 10 件你的伴侣做出的、可以让你感受到爱意涌动的事情，比如一个甜蜜的手势、一次有温度的碰触、一个惊喜或是一次用心的观察。

◄ 表 1-1　书写练习 1 ▶

伴侣 A	伴侣 B
1	1
2	2
3	3
4	4
5	5
6	6
7	7
8	8
9	9
10	10

畅所欲言 Talk It Out

当我们给予大脑适当的刺激时，爱情的火花就会再次被点燃。比如，当负责想象、创造、好奇功能的脑区被激活时，你会感到伴随着神秘抑或是兴奋的感觉。那么，想象一下，当你以一种正确的方式来看待你的伴侣时，会发生什么？

为了进一步激活兴奋感，请先回顾一下书写练习1中写下的事情，简单地与伴侣讨论一下，并留意在这个过程中出现的每一个惊喜。接着，用心看看接下来的问题吧。你会在下面看到一系列可以刺激沟通产生的问题，从而激活爱情的相关脑区。对于每对伴侣来说，积极关注并感受爱带来的温暖与快乐是很重要的。

◆ 能尽可能详细地回忆一下，第一次见我时，你对我是什么印象？

◆ 回顾一下我们的第一次约会，当时有什么特别的事情是让你感到终身难忘的呢？

◆ 关于我们的初吻，你能想到什么，你还记得当时的感受吗？

◆ 你什么时候开始意识到，我对你而言不仅仅是一个朋友，而是你想要共度余生的那个人？

◆ 你还记得第一次和我说"我爱你"时的情形吗？

◆ 当你第一次听到我说爱你时，你还记得当时的感受吗？

Takeaways

知识拓展

当飞机离开跑道起飞时，它的目标并不是飞得更高，而是安全着陆，向上飞只是飞机在剩余航程中保持舒适飞行高度的必要步骤而已。同样地，当一对伴侣刚刚坠入爱河时，他们的关系会先经历一个充满兴奋感的提升阶段，但随着时间推移，提升会减缓，更多的是要享受通往终点的旅程。

尽管每一对伴侣都会在这段旅程中经历动荡，但只要能够筑牢维持关系的爱的基石，就会成功地到达彼岸。这是通过与伴侣不断地"约会"、沟通并建立亲密关系实现的。

请记住

- 爱是当你真正懂得另一个人时体会到的愉悦感。由于人是会变的，因此必须实时更新你对另一半的看法，这很重要；

- 恋爱之初的高峰体验是开启一段感情的必要条件，请尽情拥抱并享受它。当这种体验逐渐衰减，并不意味着你们搞砸了，而是你们的关系归于平淡；

- 每对伴侣都会在婚姻中碰壁并怀疑最初的承诺。这是一段关系在成熟和进步过程中的自然现象。

接下来

▧ 每周安排一次约会之夜，双方轮流做约会计划；

▧ 双方要约定一起花时间参与一些可以大笑、畅谈并充满创造性的娱乐活动；

▧ 如果一对伴侣发生了严重的冲突或经历了太多的磨难，可能会觉得无法再感受到爱了。这时，再次展开一段心灵交谈，双方就会再次关注到彼此并敞开心扉、拥抱爱意；

▧ 如果你们像佩顿和泰勒那样，原本美好的感情被一些冲突破坏了，那么请仔细研读第14章"解决冲突"。

02 定义我们在关系中的角色

CHAPTER 2

在这段关系中，我们如何分工？
我们的角色是不断变化还是一
成不变的？我们如何分工才能
更好地帮助彼此实现目标呢？

路易莎一直以来都是一个富有雄心壮志的女孩。她的高中年度鉴定报告还曾半开玩笑地预言，她将来会成为一个"专业超人"。麦克娶她的时候，很清楚她的这一特点。事实上，这正是他最欣赏她的地方。麦克是一个比较优哉游哉的人，他经常吹嘘，他们的结合堪称完美。当她处于"暴走"状态时，他总是第一个让她放慢脚步的人；而当他乐于坐下看云起云落时，她也会在一旁鞭策他。

他们婚后最初的几年是很幸福的。然而，随着时间推移，他们有了孩子并开始了真正的家庭生活，摩擦就很自然地出现了，这给他们最初建立的一些相处之道带来了挑战。以前，他们都会在晚上 6 点前结束工作回到家，而最近路易莎升职了。新的职位对她的职业生涯是非常重要的，但同时路易莎的工作时间也延长了。

一天晚上，麦克在吃晚饭时说道："我真心为你感到高兴，但说实话，我也很难过。你的升职的确可以让我们有更富裕的生活，但这也意味着，我在家更难见到你了。"

"等等，"路易莎问道，"你觉得我只是为了钱？"

麦克回答说："我不是那个意思。"

"那你是什么意思？"

麦克顿了顿，说道："我想说，我为你感到高兴，但你没有必要为了请保姆而去赚更多的钱。"

"谁说要请保姆了？我们的孩子不是有爸爸吗？"

"当然，"麦克说道，"我非常爱我们的孩子并愿意为他们做一切事情。但说实话，如果让我每天晚上都要在放学后照顾他们，那我什么时候去健身房呢？你知道每周去锻炼几个晚上对我来说非常重要。"

"我下班后从没去过健身房，"路易莎说，"我每天忙于做晚饭，陪孩子做作业，给他们洗澡，陪他们上床睡觉。现在，你可以来接手这些了。"

"别说的好像我是一个不负责任的父亲，"麦克争论道，"我都有帮忙的，好吗？"

"是的，你在帮忙，但你从来没主动做过。"

麦克气得咬牙切齿。"因为你总在指挥我，所以我只能帮忙。你就是这样的人，你就喜欢这样做。现在，你突然什么都不想管了，要把这些都丢给我！"

当一对伴侣共同生活时，是没有一条法律来规定每个人的职责的。但像麦克和路易莎这样，当生活发生了变化，各自承担的角色需要进行调整时，人们很容易经历一些"成长"的痛苦。在已经形成默契后，我们可以调整或更改我们的规则吗？当然可以！直接的沟通可以帮助伴侣重新调整他们在关系中的分工。努力尊重彼此独立性的同时，尽可能地发挥伴侣的整体作用，这是一门艺术。

问题解析　Work It Out

商定角色的第一步是要承认双方的贡献。这次谈话并不是为了比较谁贡献得多，而是要了解谁做了什么，并对另一半做出的贡献表示感激。

在表 2-1 中，伴侣 A 将列出他/她自己的职责：你的角色是什么？你做了什么家务或任务？你肩负的家庭重担是什么？当伴侣 A 列完后，他/她将大声朗读自己清单上的内容，每读完一项，伴侣 B 就要真诚地向他表示感谢，比如，"很感谢你 ＿＿＿"或"谢谢你帮我做了 ＿＿＿"。

当伴侣 A 完成表格后，双方互换角色。伴侣 B 开始撰写并分享他/她所写的清单，而伴侣 A 需要表示感谢。就清单内容进行争吵或辩论不是重点，即使你们对伴侣列出的内容持不同意见，这些内容也反映了你们的一些感受，双方在这段关系中做出的贡献与牺牲都需要被对方认可。

◀表 2-1　书写练习 2▶

伴侣 A	伴侣 B
1	1
2	2
3	3
4	4
5	5

畅所欲言 **Talk It Out**

　　人是最复杂的。过去深藏于心的经历加上大脑的生物作用，会驱使个体扮演某种角色或产生某种行为。也许路易莎对成功的渴望始于她童年时期对失败的根深蒂固的恐惧；也许麦克去健身房不仅是为了锻炼，而是为了满足他对自由与空间的需求。尽管这似乎有些反直觉，但对于角色的协商不应该从现实的问题本身开始，而应从问题背后的感受出发。

　　花点时间看一下你们各自书写的、练习 2 表格清单中列出的内容，然后轮流询问并回答下面的问题。

◆ 在家庭生活中，你觉得承担什么角色让你最有负担？

◆ 想一下你认为自己可以轻松胜任的角色，你能说出它的主题或模式吗？

◆ 想一下你认为自己很难胜任的角色，它的主题或模式又是怎样的呢？

◆ 当你想到这些主题时，你是否感到内心深处回荡着某种表面看不出的需求、欲望、希望、梦想或是情绪？它们从何而来？

Takeaways
知识拓展

如果想要真正地了解自己的行为和情绪，就需要追根溯源。表面上，路易莎或许只是认为，麦克把她做的一切都看作理所当然。然而，就像一个电工在寻找有故障的电线一样，我们必须沿着电线穿过表面，找到问题的源头所在。在那里，你可能会发现真正需要解决的潜在问题。当一对伴侣探索他们的角色时，重要的不仅是讨论他们所扮演的实际角色，还要思考一下潜藏在他们内心深处的需求和情感。伴侣双方只有重新认识到自己的核心需求，才能开始重新商讨彼此应该承担的角色。

请记住

- 角色通常根据必要性来决定，但伴侣双方也可以发挥主观能动性，对其进行分配以支持彼此的梦想、满足对方的需求（即使有时做出的角色分配并不是最合理的）；

- 保持一个开放的态度，并要认识到，从长远的角度来看，伴侣中的一方越能支持对方的梦想，婚姻关系就越牢固，这很重要；

- 伴侣双方的角色会随着生活的变化而变化，但也要时刻做好重新回到之前角色的准备。

接下来

- 与伴侣讨论一下，在家务、养育孩子、财务等方面，各自都倾向于扮演怎样的角色；

- 温柔、友善并充满爱意地探索角色转变的灵活性。记住，任何决定都不是绝对的，随着情况发生变化，伴侣双方可能需要重新对它进行评估；

- 试着每天对伴侣的付出表达感谢。不要因为这是对方"应该"做的，就视其为理所当然。

03 我们该如何沟通

CHAPTER 3

我们如何与伴侣聊一些敏感的话题？我们可以建立怎样的原则来提升沟通质量？

人们通常认为，伴侣是因为性、金钱、姻亲关系（以婚姻关系为中介而产生的亲属关系，如岳父母、姐夫等）这些事而离婚的。这种观点有些荒谬，这就好比说，一个人在开车的时候睡着了，然后他撞到一棵树并意外死去，有人因此得出结论，树是导致他发生意外的罪魁祸首。但事实是——他开车的时候睡着了。

一对伴侣吵架的主题就像是这棵"树"，"树"的确会对伴侣关系产生影响，但绝不是悲剧的根源。不幸的是，许多伴侣"在开车的时候睡着了"。由于不善沟通，他们会误解伴侣的感受和痛苦，这也会导致他们产生矛盾、渐行渐远。争吵的主题或许是性、金钱或是姻亲关系。但争吵的主题远远没有沟通、讨论这些主题的方式重要。

在侄女举办婚礼前，杰基一直在努力减肥。她已经减掉了近 10 公斤，再减差不多 5 公斤就达到她的目标了。她的老公索尔从不减肥，但一直努力为老婆的减肥行动提供支持。索尔会特意避免在杰基面前大快朵颐，也不会因为杰基早上 5 点起床准备跑步、打开台灯而抱怨什么。

在距离婚礼只有几周的时候，杰基激动地试穿她买的新裙子。她把索尔从客厅叫了进来，问他："你觉得怎么样？"

索尔在卧室门口僵住了，不知道该怎么回应她。事实上他并不觉得这条裙子特别惊艳，但他还是想让老婆开心。毕竟，这是杰基一直期待的重要时刻。但是夸她好看是在撒谎，和她说这裙子穿着不太好看又会否认她这么长时间的努力。

"有什么问题吗？"杰基问道。

"谁说有问题了，"索尔回答道，"你看起来非常美。"

"我还不知道你，你在骗我"，杰基说道，"你为什么犹豫了？这条裙子显得我很胖吗？"

索尔愣住了。"没有啊，"他继续说道，"挺好看的。"

"算了，"杰基一边说着，一边解开了拉链，"当我没问吧。"

"等等，我说错话了吗？"

"我只是想听实话。"杰基说道。

"实话就是你看起来很美，只是我感觉这条裙子稍微有点紧，可能没展现出你想要的效果。"

杰基用手示意他别说了，并让他离开房间。

当我们处于一段关系中时，经常就像站在"危险"的十字路口，需要被迫在诚实和快乐之间做出选择。每对夫妇都会在某个时刻面临这样艰难的抉择。当读到第 10、11、13、14 和 15 章时，你会发现，冲突本身并不会损害一段关系。这完全取决于伴侣之间的沟通和冲突解决方式，以及在沟通中是否将理解与体贴放在重要的位置。尽管索尔很用心地和杰基沟通，他还是不懂沟通的真谛，因为他不知道杰基在那一刻真正想听的是什么。

人们往往将沟通分为三大类：直接沟通、回避冲突型沟通、攻击 / 被动攻击型沟通。索尔的沟通方式是回避冲突型沟通，因此他给杰基的回应是他认为杰基想要听到的。尽管他的出发点是好的，但他没能满足杰基想要听到直接回应的需求。

问题解析 Work It Out

如果伴侣双方就他们习惯的沟通方式进行讨论，并制订有关何时需要直截了当地表达、何时需要回避冲突表达的规则，那么当他们再次聊到一些敏感话题时，可能会好办一点。接下来的练习旨在帮助伴侣双方探索彼此的敏感点并设立一些双方认可的沟通界线。

在表 3-1 中，伴侣 A 会大声地读出每一句话，伴侣 B 会就每一句话的"对""错"亦或"难以回答"（这种情况适用于双方在场时，而并非只有伴侣 A 时）做出回应。在写下所有答案后，交换角色。请耐心一点，在伴侣双方都完成这一练习之前，不要着急讨论。

◀ 表 3-1 书写练习 3 ▶

项目	伴侣 A	伴侣 B
我脸皮厚，不太容易受到外界干扰		
我在一个可以自由表达情感的家庭中长大		
即使真相比较残酷，我也希望你跟我说实话		
你做的一些事有时会让我很烦		
我有时不太愿意表达我的真实感受		
我很敏感而且很容易感到被冒犯		
负面的反馈真的让我感觉很受伤		
我非常需要被肯定		
我比较愿意告诉别人我的真实所想，即使他们并不想听		
比起说出我的内心所想，我更愿意把它们藏起来		
我喜欢讨好别人		

畅所欲言　Talk It Out

　　你们写下的答案可以帮助你们了解彼此的敏感区以及沟通方式的差异，你们可能已经有过切身体会。花几分钟回顾并讨论你们的答案，接着询问对方以下问题：

◆　在我写的答案中，有让你感到惊讶的吗？

◆　我们的答案有哪些不同？

◆　对于那些你认为"难以回答"的问题，可以具体解释一下吗？

◆　你通常对哪些话题或情况比较敏感？

◆　对于那些你感到敏感的话题，我怎么处理比较好？

◆　如果我们处于杰基和索尔的境地，我们如何做比较好呢？

◆　激烈争吵后，我怎样做可以让你感到舒服点呢？

Takeaways
知识拓展

　　如果没有把毕加索的画放在合适的画框里，就没有人会把它挂在墙上。同样地，如果没有事先规划好，那么就没有一对伴侣会想要开展一次精心的对话。

当杰基突然问索尔，"这条裙子显胖吗？"他本可以反问，"你为什么不和我说说你最想听到什么呢？"这样做的话，他可以重新框定这次对话的基调并设置新的谈话内容，满足杰基的需求而不是减轻他对于伤害她的恐惧。

约翰·戈特曼（John Gottman）博士在《人的七张面孔》（*The Relationship Cure*）中建议伴侣以一种和善、温柔的方式展开对话。他发现在 96% 的概率水平上，沟通开始的方式就已经预示着它结束的方式。如果一对伴侣带着猛烈的炮弹一头扎进深水区，他们的沟通可能以失败告终；而如果他们轻轻地融入水中，并以友善、友好或者充满感激的话语开始对话，那么对话的最后可能有一个不错的结果。

请记住

- 对于任何一段健康的关系来说，诚实、持续的沟通都是必要的，即使有时它让人感到不舒服；

- 因为沟通有困难而选择逃避只会在未来招致更严重的问题；

- 如果你以善意的、友好的方式和你的伴侣谈论你的消极情绪，你的消极情绪是可以被分担的。

接下来

▨ 讨论一下沟通的三种类型（参考本章"问题解析"部分）以及你经常采用哪一种（或几种）类型。在什么条件下，你会倾向于让你的伴侣换一种沟通类型？

▨ 商讨并确定一个"安全词"，可以在你们意识到对话发生转向时使用它，同时也可以让你们暂停当前的谈话并重新开始；

▨ 翻到第13、14章阅读更多有关冲突解决的内容，在第22章阅读更多有关伴侣之间如何表达爱和情感的内容。

04 理财之道

CHAPTER 4

我们的金钱观是怎样的？它是
怎样形成的？如何交流彼此的
金钱观可以增进相互理解而不
是制造冲突呢？

自彼得和芮妮租住他们的第一套公寓起，已经五年了，在这期间他们共同孕育了两个孩子。躺在床上的彼得转向他的妻子问道："我们可以认真讨论一下买房的事吗？"

"当然，"芮妮回应道，"不过，以前我们每次讨论这个话题，最后都会不欢而散。"

"我知道啊，"他说，"但我们现在真的住得太挤了，不能再拖了。"

"是的，但问题其实不在房子。"

"那问题是什么？"彼得不解道。

"你知道我爱你，"芮妮笑着说道，"但你真的是世界级别的抠门。"

彼得发起了牢骚。

芮妮继续说道："如果我买了一双新鞋，你会说什么呢？你不会说这双鞋真好看，你会说，'哦！它们看起来真贵啊。'"

"是的，"彼得有一点受伤，"但我每天拼命工作就是为了能为我们家买一套不错的房子，而你呢，每天花钱的架式就像钱从天上掉下来的一样。"

"等等"，芮妮打断他说道，"我也有工作的，账单我也会付。我知道我们有多少钱，知道什么该买，什么不该买。你刚刚那样说，就好像在花钱方面，我是个彻头彻尾的傻瓜！"

彼得清了清喉咙，试图再次开启此次对话。"我完全信任你，你给自己买什么我都是支持的。"

"是吗？"芮妮说道，"那你可太不会表达了，我每花一分钱你都会评头论足。"

"我评头论足是因为在过去两年，我从来没有给自己添过任何新东西！你觉得我应该怎么想？"

"谁说你不能给自己买新东西了？如果你需要什么，你就去买啊。除了你自己，没人阻止你。"

"这就是问题的关键"，彼得点着头说道，"我感觉那个一直牺牲的人是我，不是你。而你呢，非但没有因为我买房攒首付而心怀感恩，反而说我小气。现在是谁在评头论足啊？"

"说实话，彼得。少买一双鞋不能让我们马上买得起房子，买了那双鞋也不会让我们买不起房子。为什么你一定要让我紧巴巴地过日子呢？在花钱的事情上，我只希望你可以相信我。"

彼得关掉了床头灯，并说出了自己的结论："这与信任无关，我只是感觉，你认为我的牺牲是理所当然的。"

当谈到金钱问题时，人们很容易变得具有防御性，因为，金钱问题往往被看作一个很私人的话题。这种冲突的根源既会存在于生活富足的伴侣之间，也会存在于捉襟见肘的伴侣之间。对于很多人来说，钱代表着一种权力的博弈，这关乎谁为这段关系带来财富以及钱要如何花。比起让他们的对话变成争吵，真心地了解对方的财务经历从而更好地理解对方为什么会有不同的金钱观，才更有利于解决芮妮和彼得之间的冲突。伴侣双方必须铭记：钱的问题与人无关。这只是意味着两个人在这件事上有着不同的观点。这种不同是可以通过真诚的对话来弥合的。

问题解析　**Work It Out**

芮妮和彼得真是很幸运的一对。他们有两个健康的孩子、不错的工作、固定的住所，以及充满爱的关系。然而，在金钱方面他们一直处理得不太好。为了使他们在这一敏感的问题上有一些进步，开启"健康"的谈话是很重要的。

这个谈话以了解不同的金钱观为开端。首先请评价你在多大程度上同意表 4-1 书写练习 4 中的内容（1= 非常不同意，5= 非常同意）。

◀表 4-1　书写练习 4▶

项目	伴侣 A	伴侣 B
我经常为钱担忧	(1) (2) (3) (4) (5)	(1) (2) (3) (4) (5)
活在当下比思考未来更重要	(1) (2) (3) (4) (5)	(1) (2) (3) (4) (5)
我不会轻易买东西，除非我手头足够宽裕	(1) (2) (3) (4) (5)	(1) (2) (3) (4) (5)
我认为从现在起为退休后的生活攒钱是非常重要的	(1) (2) (3) (4) (5)	(1) (2) (3) (4) (5)
我不介意背债，比如信用卡或贷款	(1) (2) (3) (4) (5)	(1) (2) (3) (4) (5)
我很愿意我们伴侣双方有一个共同的账户来存我们的钱	(1) (2) (3) (4) (5)	(1) (2) (3) (4) (5)
我会很注意每个月的花费不要超出预算	(1) (2) (3) (4) (5)	(1) (2) (3) (4) (5)
找一个专业人士来帮我们理财是再好不过的了	(1) (2) (3) (4) (5)	(1) (2) (3) (4) (5)
无论谁挣更多的钱，在讨论有关钱的问题时，我们应该是平等的	(1) (2) (3) (4) (5)	(1) (2) (3) (4) (5)
如果我们手头比较紧，我愿意找我的父母寻求帮助	(1) (2) (3) (4) (5)	(1) (2) (3) (4) (5)
我相信我的伴侣可以合理支出，而不用事先和我请示	(1) (2) (3) (4) (5)	(1) (2) (3) (4) (5)

续表

项目	伴侣 A	伴侣 B
我认为给我们的孩子留一笔钱是一件重要的事	(1) (2) (3) (4) (5)	(1) (2) (3) (4) (5)
我很看重慈善捐赠，即使它是一种奉献	(1) (2) (3) (4) (5)	(1) (2) (3) (4) (5)

畅所欲言　Talk It Out

为了深入探讨这个话题，我们需要轮流提问并回答以下问题。每次只聊一个问题，并使每一个问题都可以展开为一次有意义的伴侣交流。一定要避免评价或批判伴侣，因为这个练习的目标在于增进伴侣之间的相互了解，并使你们在这个可能会导致伴侣隔阂的话题上靠得更近。

◆ 在你成长的过程中，你对钱有怎样的看法？在你的记忆中，你的父母有因为钱而吵过架吗？

◆ 当你还未进入社会的时候，你会怎么挣钱？你会去打工吗？你收到过报酬吗？

◆ 在你还未进入社会的时候，你有没有体会过被剥夺的感觉？

◆ 作为一个成年人，钱对你来说意味着什么？

◆ 如果你明天中了彩票，你的生活会发生怎样的变化？

- 你对慈善的看法是怎样的？你会考虑捐多少？捐给谁呢？

- 在钱的问题上，你最大的担忧是什么？

- 我怎样做可以减少你的担忧，并让你在钱的问题上感觉好一点？

- 在金钱方面，你有想要努力实现的特定目标吗？如果有的话，是什么呢？你觉得我们怎样才能一起实现它？

Takeaways
知识拓展

为了将你的车倒进停车位，你首先会通过后视镜看看后面有什么。只有弄清楚后面有什么，你才能继续向前看。同样地，如果一对伴侣想要在这个敏感的话题上取得突破，他们就需要展开一段支持性的对话。这段对话需要先回顾各自的过去以更好地理解彼此的分歧。只有这样，他们才能展望未来——应对像买房子、为退休后的生活存钱以及处理长期债务这样的经济挑战。

请记住

▪ 金钱在你的一生中会有增有减，如果你想认真经营你的婚姻，这个议题将伴随你一生；

- 所有人都会受到童年的影响，不同的金钱观不应该成为人身攻击的理由；

- 真诚、友善的交流可以弥合彼此的分歧。注意不要因为金钱观不同而批判你的伴侣。

接下来

- 继续探索彼此有关金钱的过往经历；

- 讨论一下，此时此刻，你最愿意在什么方面花钱？

- 为如何共同进步而制订一个计划和预算，并学会妥协；

- 考虑找专业人士来帮忙制订财务计划。

---

05 调和我们的精神生活

CHAPTER 5

我们信仰什么？如何处理我们
精神追求与宗教信仰不同的
问题？

宗教一直在布莱恩的家庭成长经历中扮演着重要的角色。宗教节日、宗教仪式、庆祝活动和每周的礼拜，与他的学校生活一起，构成了他的童年。然而，在布莱恩的心里，信仰并没有什么重要的精神价值，这不过是他应该做的事情罢了。

布莱恩认为，作为一个成年人，他比他的父母在宗教方面要放松多了。然而，如果只从文化而非宗教的角度，他还是很为他的信仰感到自豪的。尽管他和他的女朋友玛丽很少讨论宗教信仰的话题，但玛丽还是惊讶于布莱恩在她不想参加宗教节日活动时表现出的愤怒。

"不好意思，"她说，"我觉得我不用去参加。"

"好吧，我一直觉得一年至少要参加一次，"布莱恩说，"我希望你和我一起去。"

"好吧，"玛丽不以为意道，"你继续。"

"我不理解，"他说，"一起去做礼拜有什么大不了的？"

"是没什么大不了的，我只是觉得去做礼拜没什么意思。"

"好吧，但这对我的家人来说真的非常非常重要，"布莱恩坚持道，

"我的父母非常希望我们去，他们已经为我们预订了挨着他们的两个座位。"

"我已经告诉过你，我对此没有兴趣。"

"拜托，这对我的家人来说真的非常非常非常重要。"

"对不起，"玛丽换了种语气，"是从什么开始，你的家人成为你信仰上帝的理由呢？不管你事实上信或者不信。就我而言，我是不会为了取悦别人而假装相信某件事的。"

"'假装'是什么意思？"布莱恩问道，"你不相信上帝？"

玛丽看向地板说道："我不知道自己相信什么。我在宗教家庭长大，我没得选择，也没有质疑的权利。现如今……我不知道。我只是对这种宗教活动越来越警惕了。"

布莱恩本以为自己会感觉被冒犯、侮辱甚至感到愤怒，但他却不由自主地接受了玛丽的想法。

"我了解了，"他说，"这很有意思，和我再多说一些这方面的事情吧。"

玛丽接着解释道，当她早上做瑜伽或散步时，她是如何觉察到她与上帝、自然、宇宙或某种更高阶的力量非常亲近的。

她补充道："坐在长椅上的几个小时让我感受到精神上的满足，这是从未有过的。"

"我喜欢这样，"布莱恩说道，"有什么事是我们可以一起做的？"

"当然，或许我们可以在礼拜之外看看你的信仰是什么？"玛丽说道，"此外，我很想看你做瑜伽。"

在宗教问题上，许多伴侣会苦苦挣扎于如何协调彼此的差异。一些伴侣会通过谦让和妥协来达到一种平衡。但对另一些伴侣来说，在信仰上妥协似乎是对自己价值观的背叛。

布莱尔和玛丽没有让彼此陷入"谁对谁错"的争论中，而是相互给予对方适当的空间来倾听彼此的观点。这样的做法使他们将争吵转变成了探索、尝试、学习与成长的过程。

伴侣就是在这样的空间中学习如何尊重彼此的信仰和行为，即使就他们个人而言并不认同它们。请记住，不能在亲密关系中传教，而是要学会爱你的伴侣，接受你们之间的差异和一切。

问题解析 Work It Out

就彼此内心坚守的信仰进行沟通和交流是一件很困难的事情。为了将这些内在的信仰转换成外部的对话，可以浏览表 5-1 呈现的内容，并在你认为正确的选项中划勾。

◀表 5-1　书写练习 5▶

项目	伴侣 A	伴侣 B
我认宗教信仰是我身份认同的重要组成部分		
我忠于我的信仰		
上帝在我的生命中扮演着重要的角色		
当我遇到困难时，我会向上帝祷告		
当我没遇到困难时，我会向上帝祷告		
我会遵守宗教的习俗或仪式		
宗教节日对我来说很重要		
我是一个有精神追求的人		
我对精神的成长很感兴趣		
我相信上帝或是神灵		
宗教对于我来说是一种积极的联结		
教友会对我来说很重要		
在生活中，我需要一个信仰的引领者		
我对于学习新事物持开放的态度		
我可以灵活地调整我的宗教观或行为		

畅所欲言 Talk It Out

首先，伴侣双方先一起回顾并反思你们在上一个练习中的答案。轮流讨论答案之间的相同点与不同点，并进一步阐述答案背后的意义。

接下来，轮流询问对方以下问题，以便进一步地了解彼此的宗教和精神认同。

◆ 当你还是个孩子的时候，宗教对你来说意味着什么？

◆ 哪些精神信念是你个人认同的一部分？

◆ 你如何看待上帝？

◆ 哪些习俗、仪式或是行为对你来说是重要的？

◆ 你觉得哪些时刻最具有精神意义？

◆ 你可以描述一下，对于我们（伴侣）来说，最理想的精神生活是怎样的呢？

◆ 我是否可以做些什么来支持你的信仰或精神追求呢？如果有，是什么呢？

Takeaways
知识拓展

伴侣的精神信仰既可以巩固也可能毁掉一段关系。如果伴侣有着共同的信仰，他们可以通过精神层面的联结让彼此更亲近。事实上，杨百翰大学的专家、学者洛伦·马克斯（Loren Marks）发现，持共同信仰的伴侣会拥有更高水平的婚姻满意度。

尽管共同的信仰有助于关系的建立，但这也不意味着所有的伴侣都必须拥有共同的信仰才能拥有成功的婚姻。归根结底，一段健康的关系应该建立在接纳彼此而不是企图改变对方的基础之上。信仰的差异对一些伴侣来说是难以调和的矛盾，但对另一些伴侣来说却无关紧要。然而重要的是，每对伴侣都需要了解，宗教信仰应使彼此的关系更亲近还是疏离。

请记住

- 精神追求和宗教是非常微妙的伴侣议题，可能对个体的身份认同至关重要；

- 精神追求和宗教是完全不同的两个概念，伴侣应开放地探索这两个话题；

- 在许多文化中，拥有一个和睦的家庭氛围是尊重个体习惯的好方法。因此，讨论伴侣之间存在的分歧，找到妥协的方法并支持彼此是很重要的。

接下来

▌ 讨论你们彼此对精神体验的观点，并做个计划去尝试、体验；

▌ 用好奇的心态进一步探索自己和伴侣的信仰体系，与对方分享新的观点；

▌ 讨论与持有不同宗教信仰的人（家人、朋友、同事）交往时的舒适程度。

06 我们如何社交

CHAPTER 6

我们的社交边界是什么？当我们在家庭之外建立社交关系时，如何将伴侣关系放在优先位置？

"亲爱的，怎么同事们都知道我们昨天去哪里吃晚饭了啊？"杰克在两人准备出发去夜跑时问妻子丽兹。

她说："我不知道啊，可能他们看了我的朋友圈。"

杰克咕哝了一声："你知道，我不喜欢你总把我们的私生活公之于众，你可以稍微控制一下吗？"

"我觉得这不是什么大事，"丽兹回应道，"况且，我其实是在跟大家夸耀我有一个总带我出去吃大餐的好老公啊。我想让大家知道你是最棒的。"

"好吧，多谢了啊。但我更希望你当面和我说，而不是发在网上。"

"好吧。"丽兹说道，她希望这样回答可以结束这段对话。但杰克并没有要结束的意思。

"这让我想起我们之前关于你的朋友的讨论。"

"我朋友怎么了？"丽兹一脸疑惑。

"没什么，就是我不太适应你将我们的一切私生活都跟她们分享。注意，是'一切'！"

"你想让我怎么做？"丽兹大喊道，"她们是我的朋友，朋友就是这样啊，互相分享自己的生活。"

"我并不是说你要把一切埋在心里。"杰克回应，"但如果你非常需要发泄的话，或许找一个心理医生谈谈更合适。"

"你没有可以交心的朋友，不代表我跟我的朋友们聊生活就是有问题的。"

"的确，"杰克说，"但有些事情不应该是专属于我们俩的吗？我的意思是，如果你什么都和你的朋友们说的话，那我们之间还有什么独特的存在吗？"

他继续道："在得知你会跟你的朋友讲我们的闺房之事或吵架细节后，我再跟她们聚会时就会感到非常尴尬。"

丽兹挑了挑眉，"我从来不知道你会这样想。"

"或许你比较外向，而我比较内向。说实话，如果是我的话，我倾向于大部分时间都和你待在家里。"

对于伴侣来说，拥有朋友——不管是共同朋友还是各自的朋友，这是健康的关系。同时，伴侣之间的亲密在很大程度上依赖于他们各自建立的关系纽带。丽兹和杰克共同建立了一段不错的关系。然而，当这段关系中有其他人加入时，它就有可能失衡。

问题解析　Work It Out

书写练习6旨在帮助伴侣探索如何将友谊融入伴侣关系。练习目标是更多地了解对方在友谊、社会关系方面的感受、需要以及愿望。轮流询问对方问题，并用简短的答案来填写表格，答案用斜线进行分隔。（简短的回答只是问题的开始，并不能代表问题的全貌，更细节的内容则留在接下来的对话中呈现。）

◀ 书写练习6 ▶

对我而言，朋友是＿＿＿／＿＿＿。

我倾向于将＿＿＿／＿＿＿置于关注的焦点。

疲惫地工作了一周后，我倾向于和＿＿＿／＿＿＿一起去放松一下。

我认为，你和朋友在一起的时间＿＿＿／＿＿＿。

我和朋友在一起的时间＿＿＿／＿＿＿。

如果让我选择和朋友还是伴侣待在一起，我会选＿＿＿／＿＿＿，因为＿＿＿／＿＿＿。

当谈到你和朋友分享我们的私人生活时，我觉得你想要分享＿＿＿／＿＿＿。

和朋友分享情绪、挑战以及日常生活对我而言是＿＿＿／＿＿＿重要的。

我和朋友分享的东西是＿＿＿／＿＿＿。

当我想到你的朋友对我们的私生活了如指掌时，我会感到＿＿＿／＿＿＿，因为＿＿＿／＿＿＿。

在社交媒体上分享我们的私生活时，我认为我们应该＿＿＿／＿＿＿。

畅所欲言 Talk It Out

目前丽兹和杰克的状况很紧张。与亲密的朋友分享伴侣之间的隐私，这是可以被接受的吗？伴侣一方是否有权利禁止另一方与其最好的朋友分享秘密呢？有着不同社交风格的伴侣应该如何处理他们之间的差异呢？像丽兹和杰克这样的伴侣每天都在因上述案例中的事件而苦恼。

首先回顾一下书写练习 6 的答案，并与伴侣进行讨论。试着寻找那些可以体现伴侣对某个话题的更深层次的情感线索。然后围绕以下问题和对方展开一段对话。

◆ 有什么特别的事情是你不希望我在社交媒体上分享的吗？如果有，是什么呢？

◆ 我的朋友让你感觉不舒服吗？如果有，能告诉我这种不舒服的感觉是怎样的吗？

◆ 当我只想跟朋友出去而不需要你作陪的时候，你会作何感受呢？

◆ 你会因为我的朋友而感到被忽视吗？如果有，我做些什么能让你感到舒服点呢？

◆ 在什么情况下，和我的朋友共度时光会让你感到最舒服呢？

◆ 在我们应如何与其他伴侣交往的问题上，你有什么看法？

Takeaways
知识拓展

信任是一段健康关系的重要元素。当一个人觉得自己是你唯一的最爱时，亲密感就会倍增。这就像房间的锁，它可以让你在夜晚更有安全感地入睡。如果没有信任，压力、焦虑、担心就会涌上心头。许多研究表明，拥有积极的社会支持会提升个体的健康水平和幸福感指数。换句话说，朋友固然重要，但如果伴侣感到你将朋友置于更重要的位置，这可能会损害伴侣之间的信任。

因此，伴侣一定要就情感亲密问题进行交流和讨论，提醒另一半，伴侣关系才应该是彼此的第一位。讨论并建立了伴侣之间的安全联结之后，就可以鼓励和支持婚姻之外的友谊了。

请记住

▨ 尽管伴侣会共同拥有很多东西，但他们的朋友可以是不同的；

▨ 每段亲密关系都有自己独特而灵活的交友模式。伴侣们应寻找适合自己的模式而不是一定要遵循他人的模式；

▨ 我们最好避免让另一半不舒服的"禁忌"友情。当这样的事情发生之后，也是一个很好的机会，跟伴侣讨论并了解他/她的顾虑是什么。

接下来

▓ 就与他人分享伴侣隐私的基本原则达成一致，包括面对面分享与线上分享；

▓ 伴侣双方一起讨论，到底哪些朋友让双方都觉得相处起来很舒服，找时间与他们聚一下；

▓ 在你们的社交领域还没解决的问题上，多花些时间与另一半讨论和交流，努力找出一个双方都能接受的折中方案。

07 我们的价值观

CHAPTER 7

我们的价值观和优先级选择
有什么不同？当这些不同导致
伴侣间的冲突时，我们能做些
什么？

山姆为他们仅仅 1 岁的女儿马克辛精心策划了一场生日派对，这让杰西感到很不爽。这对夫妇生活在一起已经有 3 年了，他们的婚姻状况时好时坏。这种"敏感"状况会引发他们的冲突，无形中放大了他们在价值观上的微妙差异。

"我不明白，你策划这么一场夸张的生日派对，到底是出于怎样的考虑？"在派对的前一天，杰西抱怨道。

"你什么意思？"山姆回应，"她是我们的小公主。她值得拥有全世界。"

杰西沉默片刻，然后说：

"你真的认为 1 岁的孩子会在乎我们在她的生日派对上花了多少钱吗？"

"一个人会有多少个 1 岁生日？"山姆大声说，"一生只有一次。"

"我相信你在她 2 岁、3 岁生日的时候，也会这么夸张地告诉我那很重要。但我们需要有一个度！"

"我不明白你生气的点到底在哪里？"

"我生气是因为，你不仅给她买了新的裙子和鞋子，租了一个弹跳屋，定制了衬衫，还专门雇了人来画脸谱，制作动物气球，却完全不考虑做这些事情的成本！"

"好吧，如果你真的爱孩子，"山姆解释道，"你会做任何事博她一笑。但遗憾的是，貌似你爱钱胜过爱你自己的女儿。"

"哦，得了吧，"杰西大声喊道，"你知道马克辛是我的一切，我愿意为她做任何事。但你总认为花钱就代表爱，事实上这只会宠坏孩子。"

"事实并非如此！我有充分的心理准备，她可能不会记得她的第一个生日。但我希望当她长大以后，在看到这些照片的时候，可以回忆起我们有多么爱她。"

杰西俯身看着山姆的眼睛，"我爱你，但在这个问题上我们有分歧。我非常希望可以在不乱花钱的情况下养育一个很棒的女儿。有照片纪念固然好，但我希望我的女儿知道，我爱她是因为她真正感受到我的关心，而不是我为她花的钱。"

山姆讲述了自己童年时期的经历：尽管山姆一家捉襟见肘，但他的父母还是会尽力满足他们心爱的独生子（山姆）的每一个心愿。杰西的成长经历则恰恰相反，富裕的父母从来不会给他们任何多余的物质满足，反而会让孩子们通过劳动获得自己的零花钱。

杰西和山姆一直在尝试以不同的方式调和他们之间所谓的"价值观差异"。山姆习惯了无条件给予的家庭文化，在这种文化中，宠溺孩子就是爱孩子；而童年中的杰西则看到了努力工作的价值。这对伴侣深爱彼此并且都想要跟对方好好相处，尤其是他们都很在乎女儿。但这种争吵越频繁，他们就越怀疑是否真的适合在一起。

问题解析 Work It Out

一对伴侣如何才能最有效地解决他们的价值观差异呢？答案很简单也很复杂：他们可以通过建立理解的桥梁来调和彼此之间的差异。

在表 7-1 中，列出你最看重的 10 个价值观。接着，为它们打分，10 代表你最看重，1 则代表你最不看重。

你们可以从这个词库开始这项练习，但如果你认为这个词库里面的词语不能很好地诠释你的观点，也可以添加其他你认为更恰当的词汇。

主动　节俭　爱　共享　乐趣　忠诚　可靠　慷慨　道德

教育　感恩　开放　环保　幸福　爱国　信仰　诚实

乐观　家庭　正直　尊重　健康　才智　朋友　善良

◀表 7-1　书写练习 7▶

伴侣 A	
看重的价值观	看重程度

续表

伴侣 B	
看重的价值观	看重程度

畅所欲言　Talk It Out

花几分钟来比较和讨论一下伴侣双方在表 7-1 中列出的价值观选择和重视程度。接着，轮流问对方以下问题：

◆ 总体而言，我们都看重什么？

◆ 你的价值观从何而来？你的价值观是怎么被一点一点塑造而成的？

◆ 我们俩的价值观列表中有哪些不同？

◆ 你重视程度最高的价值观是哪 5 项？为什么这 5 项对你来说如此重要？

◆ 我的价值观有哪些让你感到不舒服的吗？如果有，为什么？你过去的经历可以解释这种不舒服吗？

如果伴侣双方在进行价值观的交谈后仍陷在僵局中，那就需要做更多的事情。彼此的妥协在这个时候可能是有帮助的。有的人觉得在价值观上的妥协会很难接受，因为这意味着一种自我牺牲。如果是这样的话，伴侣双方可能需要经常就彼此不同的价值观展开对话和交流。请记住：交流的目标不是让你的伴侣接受你的价值观，而是帮助他们更好地从你的角度理解你的价值观。未来的任何妥协都不是为了牺牲你自己，而是创造一个相互理解的新空间。

Takeaways

知识拓展

　　瑞士的研究员韦德凯德·克劳斯（Claus Wedekind）最著名的实验就是 1997 年的"汗衫实验"。在实验中，他随机选取了一些男性被试，让他们换上干净的 T 恤，连续穿两天；接下来，让一组女性被试去闻这些男性被试穿过的 T 恤并评出最吸引她们的味道。他本以为女性被试会被与她们基因和留下的味道最接近的男性被试吸引。然而，韦德凯德却发现了完全相反的结果：研究中的女性被试评价最具吸引力的味道来自与她们的基因相差最大的男性被试。

　　这一结果撼动了大多数人认为的"相似相吸"的观点。也许人们并不会被与自己相似的人吸引，而是会被那些与自己有一定差异的人所吸引，这种差异的程度恰到好处地激发了亲密关系中的神秘感和好奇心，从而有益于健康关系的维持。

　　在这种情况下，伴侣双方有两个选择：要么因彼此的差异而挫败不已，要么积极接纳和拥抱彼此的差异。

请记住

■　我们的价值观形成受到很多因素的影响，而且很多时候是我们自己无法控制的；

- 只要伴侣之间可以友好地讨论彼此的价值观差异，即使存在差异也没关系；

- 如果可以努力接受甚至欣赏彼此之间的差异，伴侣关系会更加稳固。

接下来

- 伴侣共同约定一个时间来探索彼此的价值观。比如，如果你的伴侣喜欢做志愿者，可以试着一起去做志愿服务；

- 经常性地感谢伴侣理解和接纳你的价值观，尤其当这些价值观与他／她的价值观不同的时候；

- 如果你们不能在某些特定的价值观上妥协并达成一致，可以考虑寻求有资质的伴侣治疗师，帮助你们解决这个问题。

FOR COUPLES

第二部分　我们的信念

这一部分的章节重点介绍了伴侣双方在关系中如何表达和维护自己的个性，同时又能保护伴侣关系这一整体。"我"在何处结束，"我们"在何处开始？作为伴侣，这段关系的边界在哪里？如何加深对彼此的信任？我们将在接下来的内容中探讨这些相关问题。

08 我们共有的信任

CHAPTER 8

信任在婚姻中意味着什么？我们什么时候会感到怀疑与不确定？我们如何提升对亲密关系的信心？

特蕾莎在客厅向贾马尔喊道："WiFi又坏了！"

贾马尔从铺着毛绒地毯的台阶走下来，发现他的妻子蜷缩在客厅的沙发上，腿上放着一条毯子和一个电脑。

"怎么了？"

"我又连不上WiFi了，我现在需要发一个工作邮件。"

自从和一个电脑工程师结婚，特蕾莎经常开玩笑说，这段婚姻的好处之一就是有了技术支持。贾马尔捣鼓了一会儿路由器。

"好了，"他说，"再试试看。"

特蕾莎撅着嘴摇了摇头，"不行，还是连不上，不过谢谢你帮忙修理路由器。"

"我认为网络没有问题，"贾马尔边说边坐到了特蕾莎旁边，"让我看看你的电脑设置。"

"好的，"她说，"让我先保存一下文件。"接着，在把电脑给贾马尔之前，她把打开的窗口关掉了。

"你刚刚在干什么？"贾马尔问道。

"没什么，就是在工作。"她说。

"得了吧，你刚刚关掉的窗口是什么？"

"我和你说了，没什么。"

贾马尔敲了几下键盘，特蕾莎的浏览记录就弹了出来，浏览记录显示她刚刚在看脸书。

"这可不是在工作。"他说。

"你为什么这么做？"特蕾莎说道，"你不相信我？"

"我当然相信你，但你为什么对我有所隐瞒？"

"你这样可不像是相信我。"特蕾莎说道，怒火渐渐涌上心头。

"你也不像是光明磊落的样子，"贾马尔说道，"你在试图向我隐瞒什么？"

"算了吧，"眼泪顺着她的脸颊流了下来，"把我的电脑拿去，黑掉它，随便你做什么都可以，我没什么见不得人的。"

像很多伴侣一样，贾马尔和特蕾莎的确是相信彼此的。但是，即使出现一点怀疑的迹象，也会对这段关系造成显而易见的破坏。贾马尔的怀疑有错吗？特蕾莎感到被侮辱有错吗？

许多伴侣认为信任只关乎忠诚，但实际上信任包含的内容远不止于此。信任对每段关系来说都是至关重要的，却又非常微妙。在第一章里，本书介绍了迷恋的概念——大脑在爱的滋润下是如何被令人愉快的内啡肽充盈，从而让伴侣关系更加亲近的。然而，热恋过后，伴侣必须有能力维持彼此坚不可摧的联结感，坚定的相互扶持感，这样伴侣才能顺利渡过一切难关。在约翰·戈特曼的《爱之原理》（*Principia Amoris*）中，他表示，当伴侣可以从迷恋过渡到信任时，关系的牢固就会达到前所未有的程度。这很大程度上源于信任会传递给对方一种信号：两人永远处于同一阵营。

伴侣如何加强彼此的信任，特别是在发生了贾马尔和特蕾莎这样的争吵以后？这需要从夫妇之间的坦诚与承诺开始。

问题解析　Work It Out

在接下来的书写练习 8 中，伴侣双方各自在横线上写一段简短的话，作为写给对方的信，这段话是对接下来问题的回答：

想象一下，如果你的伴侣无论发生什么事情都百分之百站在你这边，你是什么感觉？

开始可以这样写：

"亲爱的 ＿＿＿，"接下来就请随意书写，和你的伴侣诉说完全地信任背后潜藏的脆弱。(当然你可以使用笔记本,不用局限于本书提供的空间。)

◀ 书写练习 8 ▶

伴侣 A:_____

伴侣 B:_____

畅所欲言 Talk It Out

当伴侣双方都完成了上一个练习之后,轮流向对方大声读出你们写的内容,并询问对方以下问题:

◆ 当你听到我写给你的信时,你脑海里浮现出怎样的画面?

◆ 这有让你感到诸如爱、安全感、恐惧或是渴望之类的情绪吗?请解释一下;

◆ 你是否曾经被一个本该支持你的人背叛,或因他感到非常失望?如果有,那是怎样的经历?

◆ 对于完全信任我这件事,你有怎样的担忧?我能做些什么来减少你的担忧呢?

◆ 你觉得我们应该对彼此公开所有社交账号吗?你认为这样做的利与弊是什么?

Takeaways
知识拓展

在手机和社交媒体盛行的时代，对于信任的考验要比以往更加频繁。人们可以足不出户与数百万人保持联络，在这种环境下，即使是最值得信赖的人也有可能背叛。

如果一个人要求知道伴侣的社交账户密码，这意味着他们之间缺乏信任；然而当一个人拒绝告诉伴侣他/她的密码，这似乎意味着他/她心中有鬼。这两种极端做法都对维持一段健康的关系毫无帮助。伴侣解决这一问题的有效途径是主动让对方知道自己的账号。但请注意，为了让这一做法真正发挥效果，伴侣双方都不能滥用这一特权。

虽然贾马尔和特蕾莎都认为自己是相信对方的，但他们从未讨论过信任的内容和适用范围。因此，伴侣双方应该花一些时间来探索信任的边界，并承诺会共同守护这份信任。

请记住

▨ 尽管没有经营关系的使用手册可以供伴侣们参考，但可以一起讨论和协商让彼此感到舒服的相处之道；

▨ 在一段关系中，有秘密的地方就可能会使问题变得更加复杂和糟糕。隐藏秘密往往比澄清它们更困难；

与对方保持透明、诚实与开放是建立信任的关键。

接下来

讨论一下，你们是否愿意建立一个"透明协议"，在这个协议中，你们可以公开访问对方的设备、账号并知道对方的密码；

讨论一下隐私和秘密的区别，以及在什么情况下可以有秘密；

深入探讨这个问题。如果特蕾莎和贾马尔是向你们寻求建议的朋友，你们会如何帮助他们制订一个行之有效的解决方案呢？

09 在"我们"之间留出一个"我"

CHAPTER 9

"我"从何处结束,"我们"又从何处开始? 伴侣双方如何才能在保留自己的私人空间的同时,又不会伤害对方呢?

有人认为，就像养宠物狗的主人会和自己养的宠物长得相像一样，伴侣双方长时间相处之后就会变得相似。鉴于伴侣在一起生活之后，他们的生活节奏会越来越相似，他们能够对对方所说的话心领神会，在穿衣风格和饮食习惯上，和另一半越来越接近也就不足为奇了。

伊萨克和露丝已经交往两年了，他们的感情在硅谷这个快节奏的科技社区中逐渐升温。他们的家虽然是一个并不宽敞却价格高昂的公寓，但这是他们幸福生活的开始，从此他们就变成了一个整体。这种融为一体的感觉，让伊萨克和露丝感觉非常棒，因为他们理想的伴侣关系就是这个样子。

为了摆脱工作压力，享受和对方在一起的时光，他们一起计划周末去海滩度假。两人在酒店放下行李后，就直奔海滩了。他们躺在铺着浴巾的摇椅上，头顶撑着宽大的遮阳伞，尽情地享受着微风的吹拂。他们默契地望向对方，深呼一口气，这感觉就像是在天堂一般。

过了一会，伊萨克问道："想去游泳吗？"

"还不想，我在这挺好的。"露丝说。

"来吧,"他说,"看看那些海浪,我们去游泳吧。"

露丝说:"你自己去吧。"

伊萨克取下墨镜架在鼻梁上说道:"我不想自己去,我想跟你一起。"

露丝举起她的精装小说说道:"其实我想把小说看完。"

伊萨克惊呼道:"宝贝!你什么时候都能看啊。"

"但我想现在看,我刚好看到高潮。你为什么那么想要我和你一起去啊?我们正在度假,我们是来放松的。给我一点空间好吗?"

"好吧。"伊萨克说完便转身独自走向海边。

露丝戴上耳塞,幸福地开启了她的沉浸式阅读。这就是她此刻急需的一种逃离。大约过了30分钟,伊萨克披着浴巾回来了。

"海水怎么样?"在刺眼的阳光下,露丝眯着眼睛问道。

"还不错,不过和你一起去会更好。"

露丝合上了她的书并摘下了耳塞。"好吧,现在我们一起去吧?"

"你认真的吗?"

"对呀,"她站起来问道,"海水感觉很不错啊。"

"海水的确不错,"他说,"但我已经玩过了,希望你玩得开心。"

露丝有一些不知所措。

伊萨克继续说道："对于你来说，看你的书显然比和我在一起更重要。"

露丝摇了摇头走向海边，希望这个争吵的小插曲不会破坏他们的假期。

尽管这是一个低风险的案例，但露丝和伊萨克的经历说明了，努力"融为一体"只是一个美好的假想，因为它太不现实，尤其当一方觉得比另一方需要更多的私人空间时。一对伴侣想要相处融洽，这两个人都必须坚持并维护他们的独立人格。案例中的两个人提出了一个现实问题：像伊萨克和露丝这样的伴侣，如何在增进感情和亲密的同时，保持彼此的独立人格呢？

问题解析　Work It Out

接下来的练习旨在帮助读者认识到，作为一个整体，伴侣双方都需要尊重彼此的独特个性。请记住：伴侣双方越能接受彼此的个性，关系才会越牢固。

伴侣双方需要分别在表 9-1 中列出喜欢独自一人做的事情和喜欢伴侣双方一起做的事情。比如，做饭、运动、看电视、旅行、听音乐以及和家人、朋友共处。

◀表 9-1　书写练习 9▶

伴侣 A	
喜欢独自一人做的事	喜欢伴侣双方一起做的事

续表

伴侣 B	
喜欢独自一人做的事	喜欢伴侣双方一起做的事

畅所欲言 Talk It Out

伴侣 A 先读出自己列出的"喜欢独自一人做的事",接着伴侣 B 读出自己列出的这部分内容。之后伴侣 B 读出自己"喜欢伴侣双方一起做的事情",然后伴侣 A 接着读出自己的这一部分。

当伴侣双方都读完之后,根据以下提示提问,展开一段充满好奇的对话。保持开放的心态,努力挖掘之前不知道的伴侣的特点。

◆ 对于那些"你喜欢和伴侣一起做的事情",试着解释一下为什么;

◆ 对于那些"你喜欢独自一人做的事情",试着解释一下为什么;

◆ 描述一下拥有独立的空间和时间对你来说意味着什么?当想到这些时,你会产生怎样的情绪?

◆ 向对方提问:在你想跟我在一起的时候,我却要求你给我独处的空间,这会让你产生什么感觉?

◆ 向对方提问:在我们成为伴侣之前,你有怎样的梦想?我可以做些什么来帮助你更好地实现这个梦想呢?

Takeaways
知识拓展

是的，一段婚姻可能是两个相似或完全不同之人的结合。但这种结合并不意味着任何一方需要牺牲掉他/她的独立人格的核心部分。当一个人进入一段关系时，他会带着自己的过去、梦想以及期待。这些部分不应该因为一段新关系的缔结而消失。两个更好的独立个体才会建立一段更好的关系。

同时，一段成功的关系需要在伴侣身上全身心地投入。虽然这对有的人来说是很大的挑战，但当你既能成为最好的自己，同时又能帮助你的伴侣成为最好的自己，你们的婚姻就是最好的状态。

请记住

▓ 总会有伴侣双方喜欢一起做的事，也会有某一方喜欢单独做的事；

▓ 想要在一段关系中有一些自己的空间，并不意味着这段关系出现了问题；事实上，只要这个空间是伴侣双方讨论过并达成共识的，那么它就是健康关系的表现；

▓ 伴侣关系不需要通过融为一体才会变得坚不可摧；当伴侣双方的独特之处被接纳时，这段关系就会越来越稳固。

接下来

跟伴侣讨论一下，你需要一些空间的时间或情境（如忙碌工作一
天后、一个学期后、一个税季结束的时候），并就如何为对方制造
这一空间达成共识；

如果你想帮助露丝和伊萨克顺利缓和他们在沙滩时的紧张氛围，
你会怎么做？你可以从他们的经历中学到什么来提升自己的关系
质量？

选择一件你列出的、喜欢和伴侣一起做的事情，并在近期找时间
和伴侣一起完成它。

10 拥抱脆弱

CHAPTER 10

虽然我们总是想要安全感，但或许有时候我们可以允许自己脆弱。我们怎样才能舒适地与另一半分享自己的情绪呢？

在意识到自己的婚姻最近陷入困境之后，艾哈默德决定主动出击，重新点燃和相伴 15 年的妻子西莉亚之间的火花。在他心中，西莉亚就是他的灵魂伴侣，且他们之间有某种特殊的联结。但近年来，艾哈默德越来越感受不到西莉亚回应的温暖了。他很清楚，怪罪或是指责对方是无济于事的。作为一名工程师，艾哈默德天生就是一个修补大师，现在他要想办法修补他们的关系。当然，他的经费有限，作为工薪阶层，他们要努力满足孩子的需求，应对生活的压力。但艾哈默德坚信，总会有办法的，一定会有的。

艾哈默德开始阅读有关婚姻自助的书籍，努力成为一名更好的丈夫。他认为只要努力经营婚姻，西莉亚一定会感受到他的努力、他的爱并以同样的方式做出回应。

一天早上，艾哈默德将一杯咖啡放在了西莉亚的床头，这让西莉亚非常惊讶。第二周，艾哈默德带西莉亚去吃了一顿丰盛的晚餐。艾哈默德甚至还清理了西莉亚几个月以来一直让他打扫的脏乱的车库。但是因为西莉亚的不回应，艾哈默德越努力就越沮丧。一开始，他还因西莉亚的道谢而感到欣慰，但很快他就感到不满足了。他需要从妻子那里得到更多，并因为自己是唯一努力的人而感到生气。

一天晚上，艾哈默德正在跑步机上跑步，他一直在思考，到底是哪个环节出了问题？还应该做点什么？为什么西莉亚没有反过来表达她也爱自己呢？

他一下子顿悟了：尽管他比之前更殷勤了，但这是他单方面的努力，他从来没有和西莉亚真正沟通过他的感受。

过了一会，他问西莉亚要不要一起出去走走。西莉亚刚开始犹豫了一下，但感觉艾哈默德似乎有心事，就同意了。他们一起走在路上，路灯将他们的影子拖得很长很长。这时，艾哈默德清了清嗓子说："我想你了，我想我们了。"

西莉亚停了下来，并把头歪向了一边。她很感激他付出的努力，并面露微笑，说："我也想你。"

"真的吗？"艾哈默德感到很吃惊，"我感觉不到你想我。我一直在尝试为你做一些特别的事情，但你似乎没有任何回应，所以我觉得你完全不在意这些。"

在西莉亚的内心深处，她也感到很受伤。为什么他认为只有他一个人在为改善关系而努力呢？

表面上，西莉亚看着艾哈默德的眼睛并认真地倾听他的话。她明白为了改善关系，这次谈话是艾哈默德早就想做的事情，她当然也不想使他们的关系恶化。所以，尽管西莉亚感受到了距离与渴望，当艾哈默德伸出手时，她还是握住了他的手。

对于很多伴侣来说，日常的对话总是围绕着拼车、洗衣服、购物等家长里短。不过，有时也会涉及甜蜜、浪漫和情感上的交流，这可以让关系更亲密。但有的伴侣会像艾哈默德和西莉亚一样，认为交流情感让他们感觉不舒服甚至恐惧，于是他们默契地回避谈论这个话题。在这种情况下，伴侣双方就会隐藏自己的感受，并在婚姻关系中渐行渐远，因为这比开诚布公地谈论问题更让他们有安全感。

伴侣之间如何才能创造一个能舒适地交流情感的空间呢？特别是当这种情感可能让他们更脆弱的时候。

问题解析　**Work It Out**

你们可以谈论彼此的感受吗？

表 10-1 包含了许多具体的感受和情绪。每读一个词时，请思考当你处在这种情绪状态时的样子。描述一下你和某个人谈论、表达这种感受或是情绪时会有怎样的体验。

如果描述某一种感受或情绪时，你感觉很舒服的话，那就在这个词后面画一个"√"。如果你感觉不舒服的话，那就画一个"×"。如果你

还不确定，那就凭直觉吧，在下一节中，你们会更加详细地讨论如何表
达感受以及回应感受。

◀表 10-1　书写练习 10▶

项目	伴侣 A	伴侣 B
开心		
难过		
生气		
孤独		
沮丧		
恐惧		
背叛		
遭到攻击		
被爱		
丢脸		
害羞		

续表

项目	伴侣 A	伴侣 B
焦虑		
嫉妒		
联结		
被控制		
懒惰		
活泼		
得到支持		

畅所欲言 Talk It Out

在和你的伴侣讨论书写练习 10 的答案前，先营造一种冷静、信任的氛围。在这种氛围中，你们可以更容易地向对方暴露自己的脆弱。接着面向对方，握着对方的手并保持良好的目光接触。

伴侣 A 先通读表格中的情绪，并标出比较容易与对方分享的情绪。然后，伴侣 B 继续这样练习一遍。询问对方以下几个问题：

◆ 我们都给哪些情绪画了"√"？

◆ 你可以描述一下分享这些情绪时的感受吗？

◆ 在所有画"√"的情绪里，哪一个是你认为最容易分享的，为什么？哪一个又是最难的，为什么？

◆ 是否有某个特定的情绪植根于你的童年呢？

◆ 这些情绪中，有哪些会引发你特定的强烈反应？如果有，是哪一个/哪一些呢？这些情绪与我们的婚姻有着怎样的关系呢？

在初步讨论后，伴侣 B 再分享画"×"的部分，代表着他不愿意与人分享的情绪。接着，伴侣 A 继续这样练习一遍，再问一遍上述问题，以完成该项练习（用"×"代替"√"）。

Takeaways
知识拓展

当艾哈默德想要努力改善他们的婚姻时，他的出发点是好的。但婚姻并不简简单单是一个计分程序或是单人运动。艾哈默德和西莉亚有矛盾，因为在婚姻这个主题上，他们都在和自己对话，而没有和对方交流。在沉默与孤独中，他们想要通过观察、等待对方的回应来感受对方投入的情感。在这种情况下，他们需要做的仅仅是敞开心扉，主动表达自己的感受。

不过，伴侣双方必须要先体会到免于评判的安全感，才能有效地与对方分享他们的情绪。他们越能自如地暴露自己的脆弱，婚姻中的激情和亲密感就越强烈。

请记住

▦ 有些人会觉得与他人分享自己的情绪这件事很不舒服。如果是这样的话，请谨慎地对待这个问题，避免批评对方；

▦ 伴侣之间如果没有关于分享彼此脆弱的对话，那么这段婚姻就变成了单边的关系；

▦ 男性尤其要注意，不要被那种"男人不应该表露情绪"的陈词滥调所束缚。这是优势而不是缺陷。

接下来

▦ 当你感到困扰时，用"我感到"来描述自己的情绪，而不是一味地指责伴侣（例如，试着用"我感到很挫败"来代替"你真的让我感到很挫败"）；

▦ 就以下内容达成一致：当你的伴侣在和你诉说他/她的脆弱时，用心倾听并认真思考，对他/她的感受表达支持与关心；

▦ 试着降低音量，与伴侣交流彼此脆弱的情绪，不要太过紧张或强势。

11　与你并肩作战

CHAPTER 11

伴侣关系如何成为彼此生命中的支持性力量？在生活的挑战面前，我们怎样才能成为彼此的最佳搭档呢？

蕾切尔大部分的职业生涯都在曼哈顿的一家大型公关公司度过。即使这份工作会给她带来很大的压力，但她喜欢她的工作和一起工作的同事。同时她也非常自豪，因为她能很好地平衡工作、处理压力。不过，因为总是将所有事情都列在任务清单上，她获得了"任务女王"的绰号。

她的丈夫肖恩很支持她，在充满挑战的工作日中，他已经习惯了从蕾切尔的眼睛中看到"疯狂"的神情。在一个要发表重要演讲的早上，蕾切尔出门的时候，肖恩叫住了她："你一定会完美地完成这次演讲的。"肖恩深情地看着她，然后与她吻别。

当这对伴侣晚上再次见面的时候，肖恩询问蕾切尔的演讲进行得如何。

蕾切尔摇摇头说："我要疯了。"

"你想和我谈谈这个吗？"

"我不知道，我就是很难过。"

肖恩给蕾切尔倒了一杯她最喜欢的红酒，递给她，然后坐在她旁边的沙发上。

"为什么你不跟我说说发生了什么呢？"

蕾切尔和肖恩讲述道，会议一开始很顺利，可当她要用幻灯片的时候，怎么都打不开。

"这太尴尬了，"蕾切尔说，"当我终于打开了幻灯片，却发现版本不对，里面全都是错误。"

她将这杯红酒一饮而尽。

"听到你经历的这些，我也感到很难过，"肖恩说，"你是不是忘记检查你的任务清单了。"

"你说什么呢？"蕾切尔吼道。

"就是吧，你一向都很有条理，我在想你是不是忘记了什么。"

"即使是这样，你觉得我现在想听你说这些吗？"蕾切尔问道。

"我只是觉得这样不好，"肖恩说，"或许下次你可以在会议开始前彩排一下，这样就不会出问题了。"

"你站在哪边啊？"

"你知道的，我永远站在你这边。"肖恩说。

"彩排一下，"她说，"肖恩，谢谢你的宝贵建议。这和老板当面批评我的话一模一样，我不想在你这里再听一遍了。"

尽管肖恩是出于好意，但他的安慰却在往蕾切尔的伤口上撒盐。蕾切尔此时此刻需要的只是肖恩的情感支持，她完全不需要肖恩绞尽脑汁，为她寻找解决办法。其实，外在的压力可以为伴侣创造机会，这些机会可以使他们感受到来自对方内心深处的爱与支持，从而提升他们从关系中感受到的安全感。

问题解析 Work It Out

想象一下，你的伴侣没有和你站在一边，而是站在了别人那边。请在下面的书写练习 11 的横线上描述一下这个情景（如果需要的话，也可以使用笔记本）。这是怎样的情景？你会有怎样的感受与反应？

◀ 书写练习 11 ▶

伴侣 A ＿＿＿＿＿＿＿＿＿＿＿＿＿＿＿＿＿＿＿＿＿＿＿＿＿

伴侣 B ＿＿＿＿＿＿＿＿＿＿＿＿＿＿＿＿＿＿＿＿＿＿＿＿＿

畅所欲言 Talk It Out

1 首先，伴侣 A 将他们所写的内容读出来。请记住，这样做的目的不是翻旧账，而是给彼此一个练习的机会，培养支持伴侣而不是偏袒他人的能力。

2 伴侣 B 可以提问、澄清伴侣 A 的想法，更好地了解其心路历程，除此之外不能打断他 / 她，要认真听完他 / 她所写的内容。为了使这项练习更有效，伴侣 B 需要在倾听的时候表现出对伴侣 A 的共情、关注与关心。这并不是辩论、评价甚至是批判的时候，也不是分析问题或提出解决方案的时候。伴侣 B 作为一个倾听者，他的主要任务就是认真、耐心地倾听伴侣 A 的表述。

3 当伴侣 A 读完，伴侣 B 可以充满感情地给予回应（比如，"我很抱歉""那一定让你很难过吧"），从而表示自己与伴侣是"统一战线"的。请记住，这并不是为自己辩护或正名的时间，只需要与伴侣坚定地站在一起就够了。

4 最后，伴侣 B 应尝试对伴侣 A 做出承诺：今后，自己将更加努力地成为对方无条件的朋友、盟友，永远站在他 / 她这边。

5 交换角色。伴侣 B 会将他 / 她写的内容读出来，而伴侣 A 则扮演倾听者的角色。

Takeaways
知识拓展

试着把压力想象成要背负一整天的沉重背包。每当压力来袭时，你都会捡起一块大石头放进背包里。随着时间的推移，日益沉重的压力很可能会使伴侣关系变得紧张。但想象一下，如果你的伴侣说："嘿，看起来你真的'背'了很多东西，让我来帮你减轻负担吧"，这会给你带来多大的安慰。

然而，如果没能温暖地倾听伴侣的遭遇，而是发生了截然相反的情况，那就意味着往伴侣本就很重的背包里扔了更多的石头，这只会加重而不会减轻对方的负担。这并不是说你永远都不能抱怨或是挑战伴侣。关键是要带着和蔼可亲而不是指责的态度。婚姻关系只有在伴侣双方都真正感到被对方支持的时候，才会更加和谐。

请记住

- 在一段对话开始时，明确双方的角色是很有帮助的，比如，"我有话要说，你可以做我的倾听者吗？"

- 成为一个好的倾听者远比成为一个好的表达者要难，这需要有很强的专注与自律能力，以便和你的伴侣保持情感上的联结并给予他 / 她支持；

- 倾听时的肢体语言是很重要的；一定要有眼神的交流，流露出关切的表情甚至要不时点头，表示你在认真听。

接下来

- 通过练习倾听对方，而不是评头论足地支持对方；

如果你想要打断对方的话，试着在心里默念 10 个数字，看看是否能抑制打断的冲动；通常来说，你要说的话并没有让你的伴侣感受到被倾听来得重要；

讨论并定下一个暗号，当伴侣中的一方觉得有必要进行这种对话时，就说出这个暗号。

12 一夫一妻，忠诚与背叛

CHAPTER 12

性与情感的界线是什么？界线
一旦被打破，我们要如何修复？

"我现在宣布你们结为夫妻。"

过去，这句话意味着：一个男人和一个女人将走进婚姻殿堂，相守一生。然而，在今天，根深蒂固的两性婚姻正在被更多元的亲密关系替代。过去，社会在很大程度上限定了婚姻的范畴，而现代婚姻的规则和含义或许已经不像过去那样清晰，婚姻的界线已经变得难以把握，关于欺骗的传统界定或许也不再适用。如今走入婚姻的伴侣好像越来越多地以自己的方式来界定他们的婚姻。

作为已经订婚的伴侣，贝莉和卡姆非常兴奋地迎接即将到来的婚姻关系。他们正坐在一家咖啡馆里，看着电脑里的宾客清单，讨论有关婚礼的相关事宜。突然，卡姆指着屏幕说："等一下，你要请他？"

贝莉不解道："什么？你说谁？"

"我是说你的前任，"卡姆说，"你为什么要邀请你的前任来参加我们的婚礼？"

"克雷格？"贝莉说道，"他就是一个老朋友。"

"老朋友？他是你的前任，现在你和我说他是你的老朋友，你这是什么意思？"

"亲爱的，你没有必要吃醋。我们一个月最多聊几次，除此之外再无其他。"

"好吧，但我不喜欢你们有来往，"卡姆说道，"而且我不希望他来参加我们的婚礼。"

贝莉犹豫了一下说道："我明白你不舒服的原因，但我不认为这有什么不妥。"

"听着，我相信你，"卡姆说道，"我从没怀疑你会和他上床，但亲密不仅仅体现在性的方面，它还涉及情感。"

贝莉不赞同卡姆的话，于是她立刻改变了话题。

"那你的色情片是怎么回事呢？"

"你什么意思？"卡姆问。

"如果你认为我不应该和前任保持联系，为什么你可以看网络色情片呢？"

"你是说，如果你相信我只是'看'，那么我就应该相信你只是和前任'聊天'？"

"是的，"贝莉说道，"我们应该制订一些我们都认可的规则。"

"但是如果我就是无法接受你和前任保持联系呢？我的意思是，这就是会让我感到不舒服。即使是线上的，那也算藕断丝连。我看色情片可不会跟任何人产生什么联系。"

"好吧，但如果你看色情片会让我感到不舒服呢？"贝莉问道。

"会吗？"

"你觉得呢？"

"我不知道，"卡姆顿了顿，"你从没说过什么，所以我一直以为你不在意呢。"

"说实话，我希望你的眼里只有我，"贝莉说道，"我希望你不看色情片是因为你自己不愿意看，而不是因为我不想让你看。"

"我希望你相信我，"卡姆充满爱意地说道，"你是我的全部，今天能了解你的真实想法真是太好了。从现在起，一切都会变得不一样。"

问题解析 Work It Out

在定义忠诚与信任时，从来没有普遍适用的标准。这取决于伴侣双方的舒适度，它受到过去的经验、宗教信仰、文化以及家庭的价值观影响。因此，通过对这一问题的沟通和交流，确保伴侣双方同频是很重要的。卡姆和贝莉不想伤害对方，但由于他们并没有和彼此分享、交流自己的感受，忽视了婚姻关系的边界，导致"怨恨"开始在这段看似幸福的婚姻之下发酵。

运用表 12-1 展开一段对话，和你的伴侣讨论婚姻关系中的一些规则。针对以下每一种行为，为你感受到的舒适度打分（1= 非常舒服，5= 非常不舒服）。

对于我……，你的舒适程度如何？

◀ 表 12-1　书写练习 12 ▶

项目	伴侣 A	伴侣 B
欣赏伴侣之外的其他人的美丽	(1)(2)(3)(4)(5)	(1)(2)(3)(4)(5)
和一个外表上可能吸引我的人外出	(1)(2)(3)(4)(5)	(1)(2)(3)(4)(5)
与其他人在网上有情感或亲密关系	(1)(2)(3)(4)(5)	(1)(2)(3)(4)(5)
和前任通过社交媒体保持联系	(1)(2)(3)(4)(5)	(1)(2)(3)(4)(5)
和前任通过电话或私下见面保持联系	(1)(2)(3)(4)(5)	(1)(2)(3)(4)(5)
在办公室里有类似"工作伴侣"的同事关系	(1)(2)(3)(4)(5)	(1)(2)(3)(4)(5)
看色情片	(1)(2)(3)(4)(5)	(1)(2)(3)(4)(5)

续表

项目	伴侣 A	伴侣 B
和伴侣之外的人发生性关系	(1)(2)(3)(4)(5)	(1)(2)(3)(4)(5)
有异性朋友	(1)(2)(3)(4)(5)	(1)(2)(3)(4)(5)
与伴侣之外的人调情	(1)(2)(3)(4)(5)	(1)(2)(3)(4)(5)

畅所欲言　Talk It Out

　　轮流比较伴侣双方在每个条目上的打分情况。如果发现了分歧（即使只相差 1 分），一定要询问对方以下问题，并花一些时间以理解和温和的方式讨论各自的答案。

◆　你可以详细说说，在打出这个分数的时候，你是怎么考虑的吗？

◆　在你打分的背后，有哪些跟过去的情感经历或你的家庭有关的故事吗？如果有，是什么呢？

◆　你的打分还有调整的空间吗？

◆　我们能否达成一个共识，让我们双方都能感到舒适呢？如果可以，这个共识会是什么呢？

◆ 在与其他人交往的时候，我有没有做过任何你觉得出格（或接近出格）的事呢？如果有，我怎样做才能重新赢得你对我的信任，让你相信我对你的忠诚呢？

Takeaways
知识拓展

忠诚与信任似乎是一个非黑即白的话题，许多伴侣好像很难对此进行深入的讨论，也就没有机会在很多标准和规则上达成共识。但正如卡姆和贝莉的经历，这可能是婚姻关系中的一个重大疏忽。

民意调查结果显示，只有 46% 的男性认为网络婚外情属于出轨；而在女性被试中，这一比例则高达 71%。这一数据说明了为什么伴侣应直面这个话题。无论是开放的婚姻关系、看色情片的自由，还是双方都默认的婚外情，都需要伴侣双方共同做决定，缺乏任何一方参与的独自决定都不合适。

夫妻对彼此的忠诚度越高，婚姻关系越牢固。

请记住

▓ 网络色情是一个影响婚姻关系的现实问题，它应该根据伴侣双方可以感知到的舒适程度来讨论和定义；

▓ 伴侣有权利制订他们的相处规则，而不用屈从于家庭、社区以及社会的压力；制订规则的过程是经营婚姻的重要一环；

▓ 如果某件事使一方吃醋了，那么应该在它成为更大的问题之前解决它。

接下来

▓ 问问对方，关于忠诚对于这段婚姻的意义，你们是否有相同的观念；

▓ 达成协议：如果伴侣一方对婚姻的任何方面（情感、性等）感到不满，他们可以用一种温和、安全的方式进行讨论，这有助于防止他们产生迷失方向的孤独感；

▓ 如果一段婚外情被发现了，这并不意味着伴侣关系一定要走向破裂；相反，可以寻求伴侣治疗师的帮助，以使这段婚姻得到治愈和重建。

THE ULTIMATE RELATIONSHIP
WORKBOOK
FOR COUPLES

第三部分　我们的冲突

冲突必然存在于一段亲密的、浪漫的或其他类型
的关系中。虽然对于很多伴侣来说，冲突会给他
们带来压力，但如果处理得当，冲突也会给伴侣
双方带来成长与理解。在本部分中，你会学习一
些避免争吵或解决争吵的沟通技巧。

13 别来惹我

CHAPTER 13

什么样的情景或话题会激发我
们的负面情绪？我们如何在避
免把事情弄得更糟的前提下讨
论彼此的弱点？

　　唐和艾米丽已经在一起幸福地生活近 20 年了。一直以来，他们都没改变自己的饮食习惯和锻炼习惯。但在新的一年开始之际，艾米丽加入了当地的健身俱乐部。艾米丽已经 50 岁了，她比班上的大多女性都要显老，动作也总是慢半拍，因此，她总是站在靠后面的位置，尽可能离大家远一点，以免被人注意到。虽然学得更慢，但是艾米丽的努力和坚持还是有了回报。

　　锻炼了 4 周后的某一天，艾米丽锻炼结束后回到家，看到唐正躺在躺椅上。

　　"怎么了？你为什么那样看着我？"唐带着孩子般的笑容问道。

　　她站在门口，把双手放在臀部等着唐发现什么。

　　"亲爱的，你看起来变高了。"唐评论。他的眼睛向下看去，注意到了艾米丽最近新买的一双红色高跟鞋。

　　"是的，"艾米丽回答道，"我最近开始打扮自己了，你知道为什么吗？"

　　唐笑着说："好吧，我上钩了，你说吧，为什么？"

"因为我瘦了差不多 5 公斤！"她激动地高声说道。

"哇，那真是太棒了，亲爱的。你看起来真美！"唐清了清喉咙，继续说，"这双鞋看起来很美，它贵吗？"

"我们先不讨论价格。"她笑呵呵地说道。

"好吧，我只是好奇它们的价格。"

"好吧，是的，它们很贵，"艾米丽说，"差不多要几百美金，这就是你想要听的？"

"几百美金？就买了双鞋？"

空气开始凝固，艾米丽说道："我就是要把它们带回家。"

"不，不，"唐说道，"快坐到我旁边来。"

艾米丽坐在了沙发上，唐用胳膊搂着她。"我真的很好奇，为什么你这么想要这双鞋子？"

她深吸了一口气，"我从来没有花这么多钱在一双鞋上。事实上，我从来都没花这么多钱给自己买过一条裙子或者其他任何属于我的东西。当我发现衣柜里没有一件衣服让我满意时，我感觉自己很糟糕。"

"那你怎么不给自己买几件外套呢？"

"这并不是去商场买几件新衣服那么简单。我的每一次试穿都提醒我，减肥的路还很漫长。我回到家后感到非常失落，甚至开始讨厌自己。但是当我买到一双合适的鞋时，我仍然能感到自己是漂亮的，即使我试的那些衣服不适合。"

"我以前对你的了解太少了。"唐温柔地说道。

艾米丽点点头。

"当我试穿裙子时，我想到了我妈，"她眼睛里噙满了泪水说道，"我记得当我还是个孩子的时候，每当我和朋友们在吃饼干或薯条时，我妈就会把手放在我的肚子上，提醒我太胖的事实。你知道那种感觉有多么糟糕吗？我体内的小女孩需要这些鞋子，她需要感受到，她是漂亮的。"

"谢谢你和我说这些，"唐说道，"我没意识到这双鞋有这么深刻的意义。"

问题解析 Work It Out

尽管变得脆弱会使人感到不安全或是不舒服，但这可以使伴侣双方建立起更深的亲密感与信任感，同时还可以避免像唐和艾米丽这样的情况。接下来的练习旨在帮助你"指导"伴侣了解你的敏感点和脆弱之处。在开始练习之前，伴侣双方需要先达成共识，要尊重而不利用彼此分享的私密信息。感受到支持和信任将有助于在本次练习以及接下来的练习中取得效果。

思考一下，你一直保守的关于自己的秘密，这也许是你一直想要隐藏的缺点或不安全感。将这个秘密以及你一直不想让伴侣知道的原因写在下面的空白处。尝试走入自己的情感深处。

◀ 书写练习 13 ▶

伴侣 A: _____

伴侣 B: _____

畅所欲言　Talk It Out

首先，由伴侣 A 请伴侣 B 分享他 / 她所写下的秘密以及保密的原因。接着，伴侣 A 会继续询问以下问题，努力地和伴侣 B 展开一段充满安全感的、探索性的、支持性的对话。

当伴侣 A 问完后，双方再交换角色。

◆　这件事在你的心里藏了多久了？

◆　你尝试过以何种方式来掩盖它而不让别人知道呢？

◆　你能否告诉我这个秘密有被暴露过 (或差一点被暴露) 的经历吗？

◆　如果现在有人发现了你的秘密，你会有怎样的感受？

◆　这个秘密对我们的婚姻有怎样的影响？

◆ 我能做些什么，帮助你在这个秘密相关的领域里感到踏实和有安全感呢？

◆ 在将来，如果我们提及这件事，怎样才能让你感到尊重和舒适呢？

Takeaways
知识拓展

每个人的人生旅途中都曾有过不尽如人意的经历。艾米丽的辛酸苦楚可以追溯到几十年前的童年时光。然而，由于她很少和唐提起这段经历，唐就很难理解艾米丽一个人承受了什么，也不知道怎样才能避免她的伤心。

想象一下穿越雷区可能遇到什么风险。如果一个人知道地下埋着地雷，就会感到恐惧与焦虑，不知何去何从。如果这个人放松了警惕，哪怕是一瞬间，都可能会招致灾难性后果。如果一个人坚持保守过往创伤的秘密，就如同在关系中埋了很多雷，这会在无形中将伴侣置于一种充满紧张与布满雷点的环境中。

这个问题的解决办法是：告知伴侣危险区域的位置，标记出地雷。

有些人的"雷区"可能是家庭或金钱；有些人的"雷区"则可能是性或身体形象。解决的关键在于，专门讨论这些"雷区"，从而降低伴侣在生活中说错话甚至伤害对方的可能性。

请记住

▨ 所有人都有过去的创伤与不堪回首的经历；

▨ 有些人会隐瞒敏感的话题。请记住，与伴侣开诚布公地讨论你的"雷区"，有助于他 / 她更好地支持你；

▨ 当与伴侣讨论他 / 她的"雷区"时，努力表达你无条件的爱与支持。

接下来

▨ 讨论其他的你试图回避的秘密或是"雷区"；

▨ 与对方达成协议：无论何时，讨论敏感的话题时，态度都要温和；

▨ 找一个安静、放松的环境约会，这样伴侣双方都更容易打开心扉；与对方分享更多内在自我的同时，努力了解对方可能掩藏的其他敏感点。

14 解决冲突

CHAPTER 14

我们为什么吵架？当我们吵架
的时候，我们怎样做才可以不
再争吵，开始真正地倾听对方？

"我一定要告诉你我人生中遇到的最可爱的事情，"辛迪进门时和她的丈夫罗恩说，"今天下午我在逛商场的时候，经过了一家店，他们在卖非常可爱的小狗。"

"别告诉我你买了只狗回来。"罗恩打断道。

"嗯，还没有，"辛迪说，"但是你不知道它们有多可爱。我手机里有照片，你要看吗？"

"我不在乎它们有多可爱，"罗恩回答道。"我不想养狗。我不想去遛狗。我不想跟在狗的后面打扫卫生。我不想到处都是狗毛。我也不想有只狗把我从自己的床上踢下去。所以，算了吧，我不想看那些照片。"

第二天晚上，罗恩回家后看到辛迪正在地板上和一只充满活力的查尔斯国王骑士犬玩耍。

"你为什么这么自私？"罗恩低声抱怨道，说完便径直回了卧室。

辛迪和罗恩结婚 8 年了，两人却都在这段婚姻中越来越看不到希望。早几年，他们曾求助于婚姻咨询，希望可以学习如何沟通以及处理冲突。但做了 3 次咨询之后，他们就不去了。有点讽刺的是，他们因为各自的咨询预期而发生了激烈的争吵——辛迪想要改善两人的沟通，而罗恩却更关注如何让性生活更有情趣。对他们来说，日常的谈话快速升级为吵架、尖叫甚至是咒骂，都不是稀奇的事情了。两人都没有花时间去倾听对方的话，而是更执着于自己想要的东西，即使这可能会让对方不开心。

在新小狗加入家庭的几个月后，罗恩就发现虽然是辛迪执意养狗，但自己确实承担了更多的责任，遛狗、清理狗的便便，还把自己的床让给狗睡。狗在他们的床上睡得越频繁，罗恩对辛迪的不满就越强烈。

一天晚上，罗恩实在憋不住了，终于打破了沉默。"我受够了。即使我们的关系过去也是磕磕绊绊的，但至少我们还会有性生活，那可以让我们有一个发泄的出口，是我们在没有语言沟通时保持联结的一个途径。但现在我们要与狗共眠，这简直是头号情感杀手。"

"我知道，"辛迪认同道，"但是你也必须承认，它真的很可爱。"

"我不在乎它可不可爱，我想要我们有性生活，就像一对正常的伴侣那样。但是，你却在我反对的情况下擅自买回了这条愚蠢的狗，它一直在提醒我，你有多么自私。"

"它不是一条愚蠢的狗。"辛迪说道。

听完这句话，罗恩走开了。

辛迪和罗恩陷入了攻击与反击的循环中。辛迪和罗恩并没有花时间真正地倾听对方或弄清对方的担忧，而是迅速地攻击对方，之后便躲在各自所筑的防线后面。因此，他们需要采取关键的措施，了解并讨论彼此的需求、感受以及担忧。

问题解析　Work It Out

想象一个场景，在这个场景中你和伴侣陷入了无法轻易解决的分歧之中。这个分歧可能是诱发激动这种情绪的事情，比如金钱或孩子；也可能是一些无关紧要的事情，比如去哪里度假。

为了了解彼此的对话、沟通风格，请在表 14-1 的空白处尽可能地描述你们之间的对话（如果有需要，可以在笔记本上继续写）。

◀表 14-1　书写练习 14▶

伴侣 A	伴侣 B
我说	我说
你回答	你回答
我说	我说

续表

伴侣 A	伴侣 B
你回答	你回答
我说	我说
你回答	你回答

畅所欲言　Talk It Out

一次成功的对话并不是要赢过对方，而是要确保对方能感受到他们是被倾听的。许多伴侣在争吵时，往往会加快语速，然后循环往复，不断升级。在这种情况下，双方往往你一言我一语地不断交锋，努力表达自己的想法、感受，让对方相信，自己的观点是正确的。其实伴侣双方都忽略了，可以停顿一下，在充分倾听、消化并且思考对方观点的基础上，才能更好地回应对方。这个技巧被称为反应式倾听（Reflective Listening）。

想象一下，双方用慢语速，以 AA、BB 的沟通模式来代替 AB、AB 的沟通模式。在这种沟通模式下，当伴侣 A 在表达观点时，伴侣 B 会倾听；而在伴侣 B 想要回应观点时，会先思考一下伴侣 A 说的内容，并花时间验证和加工自己听到的观点。这一过程会让伴侣 A 真正感到他 / 她是被倾听的，并且可以确保伴侣 B 在就伴侣 A 实际的表达做出恰当的回应。

下面是基于辛迪和罗恩的案例，运用以上方法进行对话的例子。它可能看起来有点不自然，但它体现了伴侣如何成功运用反应式倾听讨论敏感的话题。

辛迪说："我今天在商场看到了一只特别可爱的小狗，我在想我们是不是也可以养一只啊？"（伴侣 A）

罗恩回应道："我想它们肯定是非常可爱的，听起来你特别想养一只。"（伴侣 A）

辛迪说："是啊，我想养一只，它们太可爱了。"（伴侣 A）

罗恩试探道："好吧，我明白了你想养一只狗，但是我担心没人照顾它，而且要考虑成本问题。此外，我还很担心它会不会和我们一起睡。"（伴侣 A）

辛迪回应道："我明白你的顾虑，你似乎在担心养一只狗的责任与成本的问题，以及它对我们性生活的影响。"（伴侣 B）

罗恩承认道："是的，的确是这样。"（伴侣 B）

辛迪继续试探罗恩说："那如果我们先研究一下养一只狗的成本，如何分配我们的责任以免压力全都落在你一个人身上，你会同意吗？我们还可以讨论一下狗要睡在哪里，这样就不会影响我们的性生活了。"（伴侣 A）

罗恩感觉到了自己是被倾听的，他变得不再充满防御性，于是说："当然啦，这听起来不错，我当然可以跟你讨论这个问题。"（伴侣 A）

在这种新的对话模式下，伴侣双方都会感觉到自己是被倾听的，并且会基于这样的对话，找到支持性的解决方案。

在开始这项练习之前，伴侣 A 会阅读在问题解析部分写出的对话。

◆ 讨论一下伴侣双方的对话模式与反应式倾听的 AA/BB 模式之间的相似与区别之处；

◆ 看一下双方的对话模式是否有改进的空间；

◆ 试着用反应式倾听的模式，就这个问题再进行一次对话。

双方互换角色。

Takeaways
知识拓展

与其将伴侣之间的沟通想象成激烈的乒乓球比赛——通过来回击球获得更高的比分，不如将其想象成一场慵懒的接球游戏——伴侣双方冷静地来回扔球，每次接到球后，都在手里紧紧地握一会儿，然后再扔回去。

成功争吵的目标是，在争吵过后感受到与伴侣的关系更亲近。当你花时间向伴侣表露出你愿意真正倾听并重视对方的想法，而不只是不惜一切代价地赢得比赛时，你们之间坚固的、亲密的情感桥梁就建立起来了。

请记住

▪ 你应该认真倾听并对待对方的观点，即使你完全不同意它；

▪ 如果你吵架的目的是打败对方，那么不管结果如何，你的伴侣都会感觉自己是一个失败者；

▪ 辛迪和罗恩无意倾听对方的想法，因此，他们避免沟通并独自采取行动；尽管回避有时会让人感到更容易一些，但这最终会损害两人的关系。

接下来

▪ AA/BB 的对话模式对很多伴侣来说是不熟悉的，找时间练习一下；

▪ 如果你发现你的伴侣没有好好回应你说的话，试着温和地对他／她提出请求；有时，人们只是需要一个温柔的人来提醒他们；

▪ 努力避免咒骂或者说一些强硬的话将对方推远；

▪ 时刻想着"重启"这一方法，如果你们的对话偏离了轨道，可以重启，按照前面讲的对话模式再来一遍。

15 对话尚未开始就结束了

CHAPTER 15

在讨论某些话题时，为什么我们无法避免激烈争吵或逃离这两个极端呢？我们如何才能打破这种模式，真正面对我们的问题呢？

乔和伊玛尼紧张地坐在教堂牧师的办公室里，一起讨论着即将到来的婚礼相关事宜。乔焦虑地抖动着膝盖，直到伊玛尼把手放在他的膝盖上，示意他试着放松。牧师神态自若、语气温和。他对乔和伊玛尼订婚的事情表示祝福，并承诺会认真对待他们的婚礼。

"不过，"牧师说，"根据制度规定，在我同意你们在本教堂举行婚礼之前，你们需要参加一门有关婚前沟通的课程。对于那些在我的帮助下缔结婚姻的伴侣来说，这是一门很好的课程，它可以给伴侣提供必备的沟通工具，帮助他们享受长久且幸福的婚姻生活。"

乔又开始抖起腿来。

伊玛尼笑着说："哦，好的，我们一定会参加的，这听起来很棒。"

乔则没那么高的兴致。同时，他的焦虑在迅速升级，他的双膝开始不自觉地抖起来，并开始不停地搓手。

"请问这门课程都包含什么内容呢？"他问道，"这门课听起来不错，只是我还没有做好心理准备。"

牧师笑着递给他一张活页纸，"这是课程的一个示例，它包含了一些令伴侣正在经历痛苦挣扎的沟通问题的案例。"

"那太棒了！"乔一边看着纸上的内容，一边说道。

"为什么你们不把它带回家慢慢看呢？就当作课程的热身了。"牧师建议道。

"我们会把它带回家的。"伊玛尼说。

那天晚上，乔和伊玛尼在晚饭后坐下来做他们的"作业"。

伊玛尼和乔开玩笑地说道："你可要好好做这个作业啊，不然他们就不让我们结婚了。"

乔并不觉得好笑，他有点讽刺地说道："谢谢你，伊玛尼，我真正需要的就是更多的压力。"

他的脑海里浮现出自己坎坷的过去、父母失败的婚姻。他听到了父母的尖叫声和不断升级的争吵声。他想起了小时候对被遗忘和抛弃的恐惧。但从表面上，伊玛尼只看到一个开不起玩笑、一点就着火的伴侣。

"不好意思，我只是开个玩笑，"伊玛尼说，"我们继续做吧。"

那张活页纸上包含了一些重要但非常笼统的指导意见，比如，"说话时要友善。尽量不要侮辱你的伴侣。尽量不要打断别人。"

不知为何，无论怎样努力或者读了多少遍指导意见，他们就是没法正常交流，总是控制不住地争吵。

他们尝试换个话题，讨论一下即将到来的蜜月旅行。不出意外地，他们又失败了。他们的对话似乎总是难以顺利进行，特别是在讨论一些需要相互妥协的现实问题时。无论伊玛尼说什么或建议什么，乔都会生气。他们没法和彼此建立联结或是找到双方情感的亲密空间，而是不断提高音量，愈发激动地争吵。

"实话实说，"乔生气地说，"如果我们按照牧师的指导意见来沟通的话，那我真不知道我们在婚姻关系中该怎么说话了。"

有时，人们可以说所有正确的话，甚至可以把所有正确的事情写在一张纸上，却无法展开一段有效的对话。乔动荡不安的童年焦虑正渐渐浮现，随之而来的紧张使他根本无法和伊玛尼进行有效的对话。

约翰·戈特曼博士用了 40 年在实验室中研究形形色色的伴侣，他不仅会注意他们交流时说的话，还会观察其他生理指标，比如呼吸和心跳。这些数据汇总在《幸福的婚姻》（*The Seven Principles for Making Marriage Work*）中。在书中，他这样表述：一些人容易陷入争吵之中，这不一定是因为他们缺乏沟通技巧，而是他们的大脑将这段对话视为恐惧的信号，迫使他们陷入一种**要么战斗，要么逃跑**的惊恐状态。

就像逃离火灾的人一样，这些人的大脑也会关闭一切不必要的程序，将所有的精力集中于生存问题上，比如如何逃命。在这种情况下，人们的大脑会受到皮质醇和肾上腺素等激素的影响，关闭语言中枢，难以正常地接收信息或运用语言表达自己的想法。处于这种生理唤醒状态时，个体几乎不可能进行健康或有效的对话。

问题解析 Work It Out

当压力和焦虑渐渐浮现，拒绝有效的沟通会导致一种紧张的状态，在这种状态下，大脑会因为面对问题而感到恐惧与无力应对，从而释放压力荷尔蒙，戈特曼博士称之为**"情绪淹没感"**。对于像乔这样已经明显感受到情绪淹没感的人来说，如果他们不先冷静下来的话，沟通注定以失败告终。

表 15-1 的测验将帮助你快速评估"情绪淹没感"的风险。请在每个问题后面勾选"是"或者"否"，然后计算勾选"是"的次数，并阅读下一页对应的说明文字。

◀ 表 15-1 "情绪淹没感"风险评估（书写练习 15）▶

问题	伴侣 A		伴侣 B	
	是	否	是	否
你小时候被人欺负过吗？				
你小时候经历过重大的创伤或丧失吗？				
小时候，你是否亲身经历过或亲眼目睹过虐待（身体虐待、情感虐待或性虐待）？				

续表

问题	伴侣 A		伴侣 B	
	是	否	是	否
你曾经有过被虐待的恋爱经历吗？				
你很容易地或/和频繁地感到强烈的焦虑吗？				
你是否时常感到自己的心脏在胸口怦怦直跳？				
你有时会很难思路清晰地表达自己的感受吗？				
吵架后，你是否有时会忘记你在吵什么？				
总计				

说明文字：

如果你的得分在1~3，你处于"情绪淹没感"低风险的状态；

如果你的得分在3~5，你处于"情绪淹没感"中风险的状态；

如果你的得分在6~8，你处于"情绪淹没感"高风险的状态，这可能会妨碍你进行有效沟通。

畅所欲言 Talk It Out

采访你的伴侣，一方提问结束后，双方互换角色。

◆ 我的答案有让你感到惊讶的吗？如果有的话，是哪几个呢？你为什么会感到惊讶？

◆ 针对我的答案，你有没有想要继续追问的问题？

◆ 这里面有没有你不想讨论的问题？如果有，是什么呢？

◆ 当你感到焦虑时，你是如何察觉的？你有观察到你的身体内部会怎样变化吗？外部呢？

◆ 当你感受到这些情绪时，你会怎样平静下来？

◆ 当你遭遇"情绪淹没感"时，我做什么能帮助你放松下来？

Takeaways
知识拓展

如果对话在开始前似乎就结束了，你最好关注一下自己的身体，一旦察觉到血压升高、心率加速的话就停下来放松。深呼吸或远离冲突15~20分钟后，大脑会认为威胁已经不存在，压力激素也被完全吸收。冷静地重新展开对话有助于打破妨碍你们进行有效对话的壁垒。

请记住

▪ 对冲突的焦虑或恐惧通常不是人们有意识的选择；当你的伴侣有这些情绪感受时，对他们保持耐心是很重要的，因为在通常的情况下，他们也无法控制自己；

▪ 当一个人明显生气、焦虑或激动时，他们可能会滔滔不绝，但他们大脑中的语言中枢并没有充分参与对话，这导致他们和别人的沟通往往是无效的；

▪ 乔和伊玛尼需要一个短暂的停顿，帮助他们进一步实现有效的交流；允许自己在必要的时候停下来，这样才能让沟通有实质性的进展。

接下来

▪ 试着停下来，学会察觉自己心跳加快的情况（某些手机软件就有这个功能）。正常心率大约是 70 次 / 分钟，超过 100 次 / 分钟就是"情绪淹没感"的信号了；

▪ 讨论一下非常有可能诱发焦虑感的情境（参考第 13 章），并约定在未来注意这些情境；

▪ 如果你和伴侣都有着很高的"情绪淹没感"风险，或曾经有过无人照料的创伤，可以寻求治疗师的帮助，这对个体幸福感和两人关系都是有帮助的。

16 道歉和宽恕

CHAPTER 16

真正的道歉是怎样的？我们如何从懊悔不已中走出来，开始真正地改变？

菲尔和凯蒂成功地养育了萨拉和娜塔莉两个优秀的女儿，她们坚强、独立、有成就。作为父母，他们两个努力工作几十年以支持女儿们的梦想。而现在，他们却成了空巢老人，家里寂静得可怕。

一天晚上，两人躺在床上。菲尔在看新闻，凯蒂则盯着菲尔，沉浸在自己的思绪中。在广告时间，她拿起遥控器将电视调成静音，率先打破了两个人之间的沉默，问道："菲尔，我们应该怎么办？"

菲尔仔细思考着这句话，停顿了一下说："说实话，我不是很担心，我知道我们两个之间现在存在一些问题，但我们总会解决的。我们一贯如此。"

"我太同意了，"凯蒂微笑着说道，"但我们要怎样做呢？"

"首先，我们要达成共识，在调整的过程中，我们要把自己的注意力从手机和工作更多地转移到对方身上。"菲尔一边说，一边关掉了电视。

这正是凯蒂想听到的。

第二天吃早餐的时候，菲尔一直在查看他的电子邮件，检查是否有新的工作安排。凯蒂走过来温柔地说："别忘了我们的约定。"

"你说得对，对不起啊。"菲尔说着就把手机放进了西装外套的口袋里。

然而，就在凯蒂去做咖啡的时候，菲尔又不由自主地看起了手机。当凯蒂把咖啡放到菲尔面前时，他又把手机放回了口袋。

"难道你两分钟不看手机都不行吗？"

"我只在你走开的时候看了下手机。"菲尔回应道。

"是吗？我不过离你6米远。"

"你是对的，对不起。"他一边说一边举起手机，示意凯蒂他关机了。

通过一个小小的动作，菲尔表达了歉意。两人快乐地享受着余下的早餐时光，之后拥吻告别。

似乎是幸运必须付出的代价，菲尔这一天过得极其糟糕。他的老板心情很不好，而他的女儿娜塔莉因为感情危机一直在给他打电话。他的妈妈身体也出了一点问题，需要他的持续关注。他现在只期望这一天能快点结束。

当他回到家时，凯蒂开了一瓶不错的干红葡萄酒。他瘫倒在沙发上，向凯蒂表示感谢说："谢谢，我现在只想来一杯红酒，今天真是过得太艰难了。"

"为什么？发生了什么？"她问道。

他还没有来得及回答，电话又响了，他打开手机，看看是谁打过来的。凯蒂难过地站了起来，"你为什么要一直盯着手机？"

"对不起，"他解释道，"娜塔莉和我妈妈今天一直在找我。"

"你一直在说对不起，"凯蒂愤怒地打断他，"但很快你还是会继续看手机，然后接着和我道歉！这真的太令我难过了！"

"我知道，凯蒂。我也很难过，我很抱歉。我是说……算了，无所谓了。"

和许多伴侣一样，菲尔和凯蒂也在努力经营他们的婚姻。菲尔的出发点是好的，但他空洞的道歉已经变得比需要他道歉的行为更具破坏力。人们都会感到抱歉，但真正做出改变远比说一声"对不起"更耗费时间和精力，这通常意味着，人们要向前两步又向后一步。那么，当伴侣中的一方试图弥补他/她所犯的错误时，到底要怎样应对呢？

问题解析 Work It Out

在下面的空白处（如果有需要的话，也可以用笔记本）写下这个故事的其他结局，在这个新的结局中，凯蒂和菲尔会平和地找到一个令彼此都愉快的解决方法。他们分别做了什么或说了什么，才能使这个结局变得更好呢？

◀ **书写练习 16** ▶

伴侣 A _____

伴侣 B _____

畅所欲言　Talk It Out

接下来的练习旨在提供一个可供参考的模板，帮助伴侣双方在犯错后修复关系。首先，轮流朗读自己改写的故事结局，和对方讨论自己写的结局有哪些优点与不足。

接下来，一起看看下面关于伴侣中的一方在犯错后有效修补关系的几个步骤。通过五步法则，伴侣双方可以将简单的"对不起"转化成一系列有意义的行为，这些行为会拉近伴侣之间的距离。

1. 在道歉之前，可以问对方："你能先告诉我，我哪里让你特别不高兴吗？"

2. 在对方回答后，可以这样回应："让我来表达一下我的理解，你不高兴是因为我 _____，是吗？"

3. 然后，真诚地向对方道歉并保证一定会改；

4. 一起讨论改善行为的计划；

5. 最后，邀请对方加入，温柔地帮助你改正那些不好的行为；这样做的目的不是重申你犯的错误，而是支持你做出必要的改变，使你们的婚姻更加坚固。

看了上述几个步骤后，要不要给你们写的菲尔和凯蒂的故事新结局加入这些元素呢？你会改写新结局吗？

Takeaways
知识拓展

当伴侣被你伤害时，他 / 她需要的不仅仅是一个简单的道歉。

你需要做的是，务必让伴侣知道你在努力改变。然而，在应付各自生活压力的同时还要维系好两人的关系，这就像开车的同时还要把爆胎换掉一样艰难。

所以，为什么不先把车停在路边，再修轮胎呢？现在的人们太忙了，没有时间放慢脚步、靠边停车，花时间做一些必要的改变。然而，在爆胎的情况下继续行驶会招致更大的灾难。

修复关系的第一步是给对方一个真诚的道歉。道歉本身就像司机打开转向灯——它提示即将会有一个变化，却不能代表变化本身。真诚的道歉应该伴随着有助于真正改变的行动计划。

请记住

用开放的态度倾听对方的需求与感受，这是一项至关重要的技能，比这更重要的是，接受让你恼火或难以接受的观点；

▨ 道歉应发自内心，并提供一个通过伴侣合作改善关系的行动计划；

▨ 适当的道歉真的可以改善两人的关系，甚至可以让伴侣关系比问题出现之前更加亲密。

接下来

▨ 回顾并练习前面呈现的五个步骤，从而将道歉转化为有意义的行动；

▨ 彼此承诺会保持开放的心态，容忍错误的发生，接受关系的修复；

▨ 如果问题很严重（即使只有一方这样认为），可以寻求伴侣治疗师的帮助。

FOR COUPLES

第四部分　家庭问题

当我们进入一段正式的关系时，其实也带着各自的家庭——即使不完全是字面意义上的家庭，但我们各自的家庭会以记忆、情感以及价值观的方式对我们的关系产生影响。这一部分的内容将讨论你的成长经历，以及它如何将你塑造成现在的样子；还会讨论新的家庭关系，如姻亲关系。此外，这部分内容还会帮助你围绕建立新家庭这个话题展开一系列重要的对话，以及伴侣双方如何以家庭的名义共同渡过生活中不可避免的难关。

17 亲密关系中的内在小孩

CHAPTER 17

过去的创伤对当前的行为有何影响？我们要如何分担对方的痛苦？

戴维在一个父亲酗酒的家庭中长大，他和妹妹都受到过来自父亲的身体和情感虐待。因为从小目睹父亲轻视、不尊重母亲，甚至因为母亲的反驳而殴打她，他找到了一个独特的应对之道。为了避免灾难的发生，他选择退缩、回避并压抑自己的需求与情感。很多年过去了，戴维已经成人，但面对潜在的冲突，他仍会回到自己的内在小孩状态，选择一条安全的退路。

戴维和丽安已经在一起 1 年多了，但是丽安对戴维的这部分经历完全不了解，因为这是戴维想要埋葬的"黑历史"。他们都没意识到，过去的不幸会在一定程度上给现在的幸福关系带来威胁。

一天晚上，丽安一直在想一件事：前门锁上了吗？这个问题使她无法安睡。她不安地在床上翻来覆去，然后问戴维可不可以去检查一下前门是否锁上了。戴维这个时候已经快睡着了，这个要求使他感到很恼火，但他还是嘟嘟囔囔地下楼了。检查完上楼后，他回到床上发出了一声明显且沉重的叹息。丽安抬起头问："怎么了？"

戴维像往常那样平和地说道："没什么。"

"肯定不是没什么，"丽安继续说，"你显然不高兴了。"

"我没有不高兴，我们能继续睡觉了吗？"

"不行，"丽安边说边打开了床头灯，"我不想生着气睡觉。"

"好，那么我们就踏实睡觉吧，"戴维说，"我们两个都没生气。"

"戴维，"她说，"和我聊聊吧。"

"没什么好聊的，晚安。"

丽安对此已经习以为常。她知道，如果强迫戴维聊他的感受，只会导致激烈的争吵。她沮丧地睡着了。第二天早上，她又在上班前提起了这件事。

"下次，"她挽着他的手臂说道，"如果起床检查门锁这件事让你不高兴了，你就告诉我，我不介意自己去检查。我只是认为，你总能倒头就睡，所以这对你没啥影响。如果有什么想法，我希望你可以直接跟我说。"

"好的，"戴维边出门边说，"祝你今天过得开心。"

因为丽安陷入了巨大的情绪漩涡，她很难体会戴维面临的挑战。在她看来，他拒绝沟通、举止冷漠且试图把她推开。她可以很快觉察到自己的沮丧，却无法体察对方的痛苦以及痛苦的根源——戴维从小形成的冲突应对模式。

理解类似戴维的不幸童年经历是解开他们行为模式谜团的关键。本章剩余部分的练习将帮助伴侣深入了解彼此的过去，并对当前的关系有更深入的洞察。

问题解析 Work It Out

找一个放松的环境，比如安静地坐在客厅的沙发上，这有利于你将自己的脆弱展示给对方。用 60~90 秒去感受自己的呼吸，让自己感到安全。接下来，回顾童年时期的一两件最不幸的事情。让这些敏感的想法和感受自由地涌现出来。

接下来，在下面的横线上，花尽可能多的时间将这些记忆记录下来（如果有必要，也可以用笔记本）。将自己置身于这些回忆情景中，描述发生在你身上或周围环境中的事情。用一两句话来描述，当你回到这些记忆中时，你有怎样的感受，尽最大努力捕捉自己此时此刻的情绪。

◀ 书写练习 17 ▶

伴侣 A _____

伴侣 B _____

畅所欲言 Talk It Out

根据前面练习中伴侣各自写下的内容，两人一起解锁这些经历。伴侣 A 先说，伴侣 B 倾听。伴侣 A 要冷静地读出自己的成长故事，伴侣 B 要支持、配合而不是批评伴侣 A。在这一过程中，双方要保持眼神交流并配合开放、友好的肢体语言。伴侣 A 在分享自己的故事之后，伴侣 B 会根据下面列举的问题进行提问。本次练习的目的是相互了解，让对方了解自己是如何看待童年的创伤与不幸的，探讨过去哪些经历可能会影响当前的伴侣关系。伴侣 A 回答完伴侣 B 的问题后，双方互换角色。

◆ 当这些记忆浮现时，你感觉身体和情绪会发生怎样的变化？

◆ 因为这些经历，你可以告诉我，在什么时候或场合，我会触碰到你脆弱的神经或让你感到不舒服吗？

◆ 我怎样可以更加理解你的过去，并在将来避免引发你的不愉快呢？

◆ 除了你写下的这些经历以外，你还有什么要补充的吗？

◆ 你跟我分享了这些经历之后，你觉得我在哪些方面更了解你了呢？

Takeaways

知识拓展

依恋研究者约翰·鲍比（John Bowlby）为理解人际关系提供了一个

非常实用的框架，简单来说，个体在早年经历中形成的依恋模式会影响其未来的依恋模式。依恋理论认为，如果在被父母抚养长大的过程中，你是充分地感受到爱与安全感的，那你未来的关系就会延续这种健康的依恋模式；如果你的早期经历充满动荡与创伤，你也会在成年后的关系中重现这种疏离、动荡的依恋模式。

对于伴侣来说，第一步仅仅是明白当前行为与童年经历之间的关系，第二步则是与对方分享自己的童年经历，这样便不再是一个人的重担，而是由两个人共同分担。在故事的开始，戴维本可以与丽安敞开心扉，但他选择了逃避；而丽安本可以为戴维创造一个安全的、非评价性的环境，倾听、理解他，让戴维知道，今时不同往日，他的情绪会在这段新的依恋关系中得到保护。

请记住

▨ 无论背景如何，每个人都有影响当前人际关系的童年经历；

▨ 在成年之后，童年创伤会以不同的方式浮现出来，有的童年创伤可能比其他类型的童年创伤更容易识别；

▨ 重要的是，不要因为伴侣的负面童年经历而责备他／她，也不要因此给他／她贴上创伤的标签。

接下来

- 商量一个安全词，当一方感到被冒犯时，可以说出这个词，以它为信号；当任何一方说出这个词语时，所有对话都应该立即暂停，休息之后再重新进行；

- 让伴侣知道，在任何与童年经历相关的议题上，你都会坚定而不带任何评价地支持他 / 她；

- 如果过去的议题对伴侣一方或双方有着非常严重的影响，个体咨询或伴侣咨询是非常有帮助的。

18 见家长：关于姻亲关系与原生家庭的问题

CHAPTER 18

我们的亲人会影响我们和伴侣之间的关系吗？我们应该如何平衡婚后组建的小家庭和原生家庭的关系，并把小家庭置于更重要的位置呢？

在 15 岁那年，梅尔的妈妈在经历了与乳腺癌的长期斗争后，最终撒手人寰。从那时起梅尔便承担起了照顾家人的责任，给家里的三个妹妹做饭，辅导功课并料理家务。没过几年，梅尔的爸爸走出了妈妈离世的阴霾并选择再婚。即使梅尔大学毕业了，父女的关系仍然非常亲密。

在加州大学洛杉矶分校读大二的时候，梅尔在图书馆认识了格雷格。由于他们都非常喜欢诗歌、艺术和外国电影，爱的火花自然而然地在他们之间迸发了。梅尔认为，格雷格是她遇见过的最善良、最富有同情心的男人。在这段关系中，她感到了幸福、安全与被呵护。

在毕业 6 个月后，两人订婚了，并且很快就幸福地踏入了婚姻的殿堂。虽然他们打算在财务情况稳定后再度蜜月，但梅尔已经非常兴奋地规划着期待已久的墨西哥之旅，并开心地和格雷格聊着她已经做好的计划。

"我们将在周四晚上到达酒店，刚好可以看到海边的落日，"她兴奋地说，"之后呢，我就和我爸爸还有妹妹们一起吃一顿大餐，吃完后我们一起去市区逛逛。"

"等一下，"格雷格打断她，"你爸爸？你的妹妹们？"

"是啊，我是根据他们的假期安排、规划行程的。我认为这是一个可以和家人多待一会儿的好机会。"

"这不应该是我们俩的蜜月吗？"

"这是我们俩的蜜月啊，"梅尔笑道，"但我跟家人不在一个城市生活，我平时很难见到他们。而且，你知道的，我有多么在乎我的家人。"

"我明白，梅尔，但我还是想说，这是我们两个人的蜜月，你怎么能带家人一起度蜜月呢？度蜜月意味着我们两个即将一起开始我们的新生活，庆祝我们这个新家庭成立——只是我和你。"

"是这样没错，但比起'我和你'，我觉得家人们更重要！"梅尔重复道。

"不好意思，"格雷格愈发困惑了，他表示，"我不能接受，我们和你的家人一起度蜜月。"

"你怎么这么自私啊，你忘记是我爸爸给我们交了房子的首付吗？你不能忽视爸爸对我们的爱，我们总要尽点孝心啊。"

格雷格生气了，他说："我知道你爸爸很爱我们，我也很感谢他对我们的帮助，但说实话，如果他对我们的帮助是有条件的话，那我宁愿不要这些钱。"

格雷格和梅尔承认，他们都深爱着彼此和各自的原生家庭。问题出在了关系排序的优先级上。伴侣意味着两个人走到一起，并共同创建了一个新的单元——他们两个人的关系。那些优先选择原生家庭的人认为，把相处了 3 年的伴侣放在比相处了 30 年的亲人更重要的位置上，这是不合常理的。然而，尽管你非常爱你的亲人，此刻你的伴侣才是你生命中最重要的人。明白这一点对维持一段长期关系来说至关重要。此外，如果你和伴侣之间的关系越亲密和牢固，当原生家庭中的亲人需要帮助时，你们就越有力量最大程度地支持他们。

问题解析　Work It Out

下面的练习是为了更加深入地透过表面看待问题，以及探索家庭的意义。首先，将与你亲近或经常出现在你生活中的亲戚填入表 18-1。你会看到已经填好的 3 个空格，剩余的空格可以用名字或称谓随意填写。

伴侣 A 首先扮演说话者的角色，伴侣 B 充当伴侣 A 的回应者。伴侣 A 将亲戚的名单一次性读出来，伴侣 B 会为每一个亲戚打分，1 代表关系紧张的亲戚，5 代表关系亲密的亲戚。还有选项分别代表"不适用"（N /A）以及"这很复杂"（如果有包含多重亲戚关系的情况，请在空白处评分）。

此次练习的目的是，帮助伴侣了解你在面对生活中不同的亲戚时会有怎样的感受。

◀表 18-1　书写练习 18▶

伴侣 A							
亲戚	1	2	3	4	5	N/A（不适用）	这很复杂
爸爸							
妈妈							
岳父母							

伴侣 B							
亲戚	1	2	3	4	5	N/A（不适用）	这很复杂
爸爸							
妈妈							
公婆							

畅所欲言　Talk It Out

花一点时间，比较一下你们各自的答案。讨论一下你们分别与哪些亲戚的关系最好，和哪些亲戚的关系最紧张。至于那些选了"这很复杂"的亲戚，解释一下为什么和他们的关系比较复杂。

特别要注意那些打了 1 分或 5 分的亲戚。最低分或许意味着这位亲戚非常难对付并且可能会给你（或你的婚姻）带来麻烦；最高分或许意味着你倾向于将其需求放在伴侣之前——在这种情况下，开展设置界线的对话可能会有帮助。

最后，轮流问对方以下问题：

◆ 你最亲密的亲戚是谁，为什么？和你关系最差的亲戚是谁，为什么？

◆ 对于那些得 1 分或 5 分的亲戚，作为伴侣，在生活中我们如何才能找到一个与之相处的最佳平衡点？

◆ 当遇到困难时，你认为哪个亲戚最靠得住，为什么？

◆ 为了与亲戚保持合适的界线，保护对我们来说最重要的婚姻关系，我们可以做些什么？

Takeaways
知识拓展

信任、忠诚和亲密的关系建立在"没有什么能离间伴侣感情"的观念之上。婚姻像一个神圣的空间，在这个空间中，双方感到与彼此相连并且不会受到外力的干扰。如果允许其他人进入这个空间，它将受到损害，变得脆弱、充满纷争，那接下来会发生什么呢？工作、爱好甚至婚外情可能会变成首要解决的事情吗？

对于有的人来说，尊敬父母是宗教或道德意义上的重中之重。如果将伴侣放在比他们更重要的位置，这会让他们感到自己是不道德的，甚至背弃了自己从小接受的道德教育。对于这样的伴侣来说，经常讨论各自的家庭背景以及他们所面临的分歧、冲突是很重要的。同时，努力让对方意识到婚姻、爱和承诺的重要性。

请记住

▥ 每个家庭环境都是独特的，伴侣双方应保持开放、好奇的心态去了解对方的家庭特点；

▥ 健康的婚姻会让人感受到伴侣之间的集体感，甚至可以说，"我陪你一起对抗全世界"；

你的婚姻关系越牢固，当原生家庭需要你时，你越有能力帮助他们。

接下来

与对方讨论彼此的家庭价值观，进一步了解家庭对彼此来说到底意味着什么；

探索当下以及过去的家庭关系如何对你们的关系造成困扰，并一起寻找办法解决它；

找一个机会告诉你的伴侣，他 / 她是你生命中最重要的人。

19　要不要将伴侣变成真正的家庭呢

CHAPTER 19

我们想要孩子吗？如果想要的话，什么时候要，要几个？孩子的出生又会给我们的婚姻生活带来怎样的改变？

巴斯蒂安和尚塔尔的关系简直好到让人嫉妒。尽管已经结婚6年了，他们的感情仍然像度蜜月的新婚伴侣一般甜蜜。这对年轻的伴侣爱得如此痴狂，以至于他们总想按下暂停键，将每一个甜蜜美好的瞬间定格下来，回味一生。

在尚塔尔33岁生日一周后的某个晚上，两人躺在床上。巴斯蒂安转过身和尚塔尔说："我觉得是时候给我们家增添新成员了。"

"你继续说。"尚塔尔冷静地回应道。

"我们都在变老，"巴斯蒂安说，"如果我们想要四、五个孩子的话，我们得抓紧时间了。"

"你说四、五个吗？"

"你为什么看起来这么惊讶？我们在恋爱的时候讨论过这个问题，我们都想组建一个大家庭啊。"

"或许吧，"尚塔尔说，"但是你知道，我是独生女。对于我来说，一个大家庭有两个孩子和一只狗就够了，而且至少在5年内我都不想要孩子。"

"5 年？！这太夸张了。你不想趁我们还年轻的时候赶紧生育孩子吗？我以为我们在这个问题上已经达成了共识。"

尚塔尔感觉受到了攻击。她深深吸了一口气并真诚地说道："说实话，我从没想过我们的婚后生活会如此完美，我还没准备好做出改变。"

"我也害怕改变，"巴斯蒂安牵起尚塔尔的手说道，"但我们不能一直停在此刻。在某些时刻，我们必须要顺其自然，让改变发生。我们不会因为有了孩子就失去二人世界的。"

"我不知道，巴斯蒂安，"尚塔尔说，"从理论上，这听起来很棒，但实际上呢？"

巴斯蒂安并没有无视尚塔尔的需求，从某种程度上来说，巴斯蒂安也想跟尚塔尔一样延续他们童话般的爱情故事。但他也无法放弃他毕生的梦想——组建一个完整的家庭。

在生育计划方面，巴斯蒂安和尚塔尔并不是个例。无论是自然怀孕、人工受孕还是选择收养，几乎每对伴侣都在努力达成一致。对于幸福的伴侣来说，养育孩子既是一份美好的礼物，也是一生的付出。

在谈恋爱的时候，尽管巴斯蒂安和尚塔尔都同意未来要生育孩子，但他们从未讨论过孩子的数量以及生育的时间。不过，现在还来得及！和所有的争论一样，这个问题需要通过沟通来解决。深入、冷静地讨论这个问题可以为理解对方奠定良好的基础。只有对对方的想法有着清晰的认识，伴侣双方才能开始为着共同的目标而努力。

问题解析　Work It Out

以下是一些旨在帮助伴侣在生育问题上展开有效沟通的小问答。对于有些问题，可以简单地回答"是"或"不是"；对于有些问题，可以做出更详细的解释；还有一些问题可能不适合你们。这个练习的目标并不是要伴侣双方呈现相同（或完整）的答案，而是帮助你们更好地了解彼此的分歧到底在哪里。把它想象成你个人喜好的速写。在完成本章的下一个练习时，你可以再次参考本次练习呈现的内容。

◀ 书写练习 19 ▶

总的来说，你的童年幸福吗？用几个形容词描述一下这段经历。

伴侣 A: _____

伴侣 B: _____

你小时候和妈妈关系好吗？

伴侣 A: _____

伴侣 B: _____

你小时候和爸爸关系好吗？

伴侣 A: _____

伴侣 B: _____

你想要孩子吗？

    伴侣 A: _____

    伴侣 B: _____

有什么事情会影响你要孩子？如果有，是什么呢？

    伴侣 A: _____

    伴侣 B: _____

"一想到要孩子，我会感到 _____。"

    伴侣 A: _____

    伴侣 B: _____

在理想的情况下，你想几岁要孩子？

    伴侣 A: _____

    伴侣 B: _____

如果让你选的话，你想要多少个孩子？

    伴侣 A: _____

    伴侣 B: _____

你希望孩子们相差多少岁？

    伴侣 A: _____

    伴侣 B: _____

谁负责晚上照顾婴儿或蹒跚学步的孩子？谁负责白天照顾他们呢？

    伴侣 A: _____

    伴侣 B: _____

你想养宠物吗？如果想的话，你想养什么宠物，养多少只呢？

伴侣 A: _____

伴侣 B: _____

畅所欲言　Talk It Out

伴侣对生孩子的看法不会永远不变，就像故事中的伴侣一样，这个想法会随着时间的推移而发生改变。因此，重要的不是固守多年前的承诺，而是在每个孩子出生前和出生后，就这个话题再次跟对方进行沟通。比如，如果在生完两个孩子后，巴斯蒂安感到这已经是他的极限了，他完全可以和尚塔尔重新讨论先前的生育目标并调整他们的生育计划。

接下来，请互相提问下面的问题。这些问题旨在提供一个框架，从而帮助伴侣深入讨论生育孩子这一话题，以便更好地了解伴侣双方都可能有的想法与担忧。

◆　你喜欢小孩吗？

◆　生育孩子对你来说意味着什么？这很重要吗？为什么？

◆　当你想到生育孩子的时候，你感受到最大的喜悦是什么？最大的恐惧是什么？

◆　你是否担心当孩子到来后，你需要做出某种特殊的牺牲？这种牺牲对你来说意味着什么？

◆ 你的童年有怎样幸福的经验、回忆以及经历，你希望你的孩子也拥有它们？

◆ 在那些不好的童年回忆或经历中，哪些是你不希望你的孩子去经历的？

◆ 你对你的孩子有着怎样的希望与期许？

◆ 我能做些什么让你在成为父母方面感受到更多的支持？

Takeaways
知识拓展

花时间谈论有关生育孩子的话题，伴侣双方会更加了解孩子对彼此的意义，这份理解会成为未来做出家庭相关决定的基础。成为父母注定要做出一些牺牲，这种牺牲使人们学会了将他人的需要置于自己的需要之前。关于这方面的对话可以帮助你体会这种牺牲，如果能在沟通之后优先关注伴侣的需求，这将为两人从伴侣向家庭转变奠定坚实的基础。

请记住

▌ 你自己的童年会影响你对成为父母这件事的感受。如果影响很大，一定要再花时间看看第 17 章的内容；

▌ 生育计划是一个持续的过程——它会随着你们婚姻生活的推进而
发生变化；

▌ 不要只聆听对方关于生育计划的观点，还要注意他们潜在的需求、
恐惧与担忧。

接下来

▌ 为了共同实现两人从伴侣向家庭的转变，试着在生育的时间安排
上达成一致；

▌ 做一些相关研究，如阅读有关备孕和育儿的书籍；

▌ 讨论接下来应该为生育孩子做哪些准备（金钱方面、职业方面以
及个人心理准备方面等）。

20 我们该如何为人父母

关于养育孩子，我们有怎样的想法？这些想法来自哪里？作为伴侣，我们如何处理分歧并团结起来一起养育我们的孩子？

"不！"乔对着 18 个月的儿子瑞安吼道。

乔的伴侣帕特跑进房间，问道："怎么了？什么事让你大呼小叫？"

"瑞安差点把果汁倒在地毯上！"

"天哪，你差点把我吓死，"帕特说，"我还以为他受伤了或是出了什么其他状况呢，你为什么总是大惊小怪？"

"我没有大惊小怪，儿子需要明白不能做什么。不然呢，我就站在这里，等着他把房子毁掉？"

"那当然不会，"帕特说，"但你也不用像一个杀人狂魔那样尖叫，你可以平静地告诉他不要那样做，他会明白的。"

"抱歉，我不认同你的想法，"乔一边拧瑞安的杯盖一边说，"我不希望任何一个孩子认为世界上的一切都是为他们而准备的，总会有人为他们处理烂摊子。现实的世界是，你总要为自己的行为承担后果。早点明白这个道理，瑞安会活得更好。"

帕特思考了一会儿说："乔，我不是不同意你的观点，我也希望儿子可以成为一个有责任心的人。我只是认为，我们不用通过吼叫的方式教他这些道理。如果他上学之后不叠被子该怎么办呢？或者他在青春期的时候违反学校的宵禁规定呢？你都要对他尖叫吗？"

"等一下，"乔回应道，"不叠被子和违反宵禁有很大的区别。如果我的孩子在凌晨 2 点才回家，毫无疑问，我一定会对他尖叫的。"

"好吧，"帕特说，"我只是不想我们无缘无故对孩子大发雷霆。"

"我不理解这样会有什么影响，"乔继续说道，"我在一个每个人都会大喊大叫的家庭中长大，这就是我们交流的方式。如果我忘记收好鞋子或者忘记收拾餐具，我的父母就会来吼我，这并没对我造成什么不好的影响。"

"当然，我很喜欢你现在的样子，"帕特说，"但如果你能回到过去并做出改变，你会不会希望父母对你的吼叫少一点？"

和所有伴侣一样，乔和帕特是两个独特的个体，他们有着自己的个性特征与偏好。这些个性特征与偏好受到遗传、文化、宗教以及家族历史等因素的综合影响。伴侣在育儿方式上产生分歧是再正常不过的事情了。因此，在成为父母后，伴侣应创造机会讨论一下如何育儿，并为此商定一套共同的价值观与规则。

问题解析　Work It Out

通过下面的提示回答问题。放松大脑，自由地在纸上写出你的想法。

请注意，不用过度思考这些问题，只需要写出第一时间浮现在头脑中的答案就行。每一个问题依次在伴侣之间轮流，先伴侣 A 问，伴侣 B 答，然后伴侣 B 问，伴侣 A 答。本次练习的目的旨在了解双方的想法一致在哪里，分歧在哪里。

◀ **书写练习 20** ▶

20 年后，如果 _____ 我们就会认为自己是成功的父母。

伴侣 A: _____

伴侣 B: _____

如果我们的孩子在生活中走上了一条与我的预期完全不同的道路，我会感到 _____。

伴侣 A: _____

伴侣 B: _____

我对我们的孩子有着怎样的希望、期许与目标？

伴侣 A: _____

伴侣 B: _____

畅所欲言　Talk It Out

轮流提问并回答以下问题，以便更深入地了解和挖掘彼此的育儿风格。

◆ 你希望在我们的孩子身上看到的最重要的品质是什么？

◆ 你的童年会影响你现在（将来）的育儿风格吗？

◆ 当你小时候做错事时，你受到了怎样的惩罚？

◆ 对于如何管教我们的孩子，你有什么想法吗？小时候你会怎样管教他们？上了初中和高中以后呢？

◆ 我们的孩子做什么会让你不能接受呢？

◆ 当孩子长大并走出家门后，我们的养育责任是什么？

◆ 当生活因孩子而变得忙碌，我们的关系也变得不那么亲密时，我该做什么证明你对我依然是最重要的？

Takeaways

知识拓展

育儿最终的目标不是培养满分的孩子而是优秀的大人。

尽管父母不能选择孩子的成长方式，但他们应该先就共同的长期育儿目标达成一致。一些父母可能会采取更专制型的育儿方式，通过"暂停"等惩罚方式来管教孩子；另一些父母可能采取更宽容的育儿方式，让孩子在生活中自由地成长，同时会给予适时的引导。

本章的宗旨是帮助伴侣认清对孩子的养育目标，以及如何养育的共识。大多数情况下，这些方面都会受到个人童年经历的影响。当一对伴侣可以开放地讨论他们的童年以及在童年时形成的价值观时，他们就能充满理解而不是对立地讨论彼此不同的育儿风格。

请记住

▨ 在一个家庭中存在不同的育儿观念是很正常的；

▨ 父母不能决定孩子如何成长，他们只能通过创设的环境来塑造孩子；

▨ 父母能够给予孩子最好的礼物就是一段充满爱、关怀与尊重的亲密关系。

接下来

▨ 讨论一下你们想要给孩子传递的价值观；

▨ 你们家的"口号"是什么？用一句话来形容你的家庭；

▨ 简单写一些有关家庭规则的想法，从而认清自己的价值观如何影响了对孩子的奖惩。

21 携手面对苦难和丧失

CHAPTER 21

从个体和伴侣的视角，我们会
如何面对丧失与失望？我们怎
样做才能更好地支持对方？

就在离乔丹和艾利克斯新房装修还有几天结束的时候，乔丹的公司开始裁员。失业的恐惧让乔丹陷入了慌乱，特别是在这对夫妇必须依靠双份收入才能负担得起房子费用的情况下。

艾利克斯一直是一名乐观主义者，她紧紧地握住乔丹的手，希望他能放松下来。

"我们之前成功克服了那么多困难，这次也会的。"

"我现在没有这种感觉，"乔丹说，"我是说，如果我失业了，我们怎么办呢？"

"你会找到一份新工作的。"艾利克斯说。

"你还记得我花了多久才找到现在这份工作吗？"乔丹叹了一口气说，"而且，我们花了那么多时间、精力和金钱才过上现在的生活，我很害怕我们的美好计划化为泡影。"

艾利克斯持续性地将乐观当作对伴侣的支持。她只关注积极的一面，这让乔丹感觉到不被倾听和理解，让他觉得自己在孤身作战。

快到周末的时候，乔丹意外地接到了住在科罗拉多州的父母打来的电话，这个电话完全打乱了当前的生活。

在厨房无意中听到"预后""治疗"和"化疗"等词后，艾利克斯轻轻地走进房间，坐在乔丹旁边，看到泪水正顺着他的脸颊往下流。

几个小时后，乔丹和艾利克斯在沙发上翻看着手机，研究他的家人正面临的罕见疾病。乔丹感觉天崩地裂，而在浏览实验性治疗和相关专家时，艾利克斯感到很振奋甚至充满希望。

"你知道你在说什么吗？"乔丹问道，"你现在就是在给我希望的错觉，并和我说一切都会好的。你一直都是这样。你总是因为眼前的事很难，就不去面对和处理它。"

"你怎么能这么说？"面对乔丹的指控，艾利克斯反驳道，"我也很害怕，但是我在努力保持积极的心态。对我们来说，完全消极地看待事物没有任何帮助。"

"你认为我是故意这样消极的吗？当我的世界要崩塌时，你觉得我还能怎么做？我可能会失去我的工作、房子和父亲，而你继续表现得好像一切都会好起来。"

由于艾利克斯和乔丹从未讨论过各自对丧失[①]的看法，在这个比以往更需要对方的时刻，他们很快变得疏远了。在一段长久的婚姻中，伴

---

① 丧失不仅指社会关系的丧失，还有价值观、理想方面的丧失。

侣会不可避免地面临丧失。在这种情况下，伴侣双方必须相互支持，在苦难中变得更亲密而非疏远，这样才能使婚姻稳定并充满理解，而不是成为不安与麻烦的来源。

问题解析　Work It Out

回想一下你曾经经历过的丧失，以及这些经历对你的影响。表 21-1 中包含了 14 个示例。通读这张表格，在那些给你带来很大影响的事情后面画"√"。可以随意添加列表中没有的内容。

◀表 21-1　书写练习 21▶

丧失经历	伴侣 A	伴侣 B
失业		
梦想破灭		
伤心透顶		
失去安全感		
失去一项技能或能力		
患有严重的疾病 / 严重受伤		
被信任之人背叛		
失去一个朋友		

续表

丧失经历	伴侣 A	伴侣 B
亲近的人去世		
失去独立性		
失去某一种人格特质		
名誉受损		
损失一大笔钱		
失去固定资产或其他的重要物资		
其他_____		

畅所欲言 Talk It Out

根据 *DSM-5* 最新的心理健康标准，创伤后应激障碍的主要症状之一是回避行为。换句话说，当一个人经历了创伤，大脑会以避免与先前的创伤相似或相关的任何经历的方式，防止未来再次遭受创伤。

因此，挖掘并讨论过去的丧失可能会有所帮助。这大概就像从高压锅中释放蒸汽，当人们最终能面对过去的伤痛时，反而不那么焦虑了。由于这些都是敏感话题，全神贯注地倾听伴侣且不作任何的批评，这是很重要的。当你们倾听彼此时，态度要友好、富有支持性。

回顾一下在表 21-1 中画"√"的内容，选择其中最重要的 4 件事（如果没有选出 4 件，就以画"√"的具体数量为准）。伴侣 A 应该告诉伴侣 B 每一项丧失经历背后的故事，在伴侣 A 说完故事后，伴侣 B 可以问他 / 她以下 5 个问题。之后，双方互换角色。

◆ 在生理、社交以及情感方面，你当时有着怎样的反应？

◆ 那段经历对你今天的生活产生了怎样的影响？它通过怎样的方式改变了你？

◆ 如果你现在正经历着同样的苦难，你认为怎样做是有帮助的？

◆ 你的世界观或是精神信仰是如何帮助你渡过难关的？

◆ 如果你以后再次经历像现在这种困难的情境，我该怎样做才能给予你最大的支持？

Takeaways

知识拓展

由于每个人都有着不同的性格和过往，在面对丧失和困难时，他们会有不同的处理方式，这是再正常不过的了。在本章开头呈现的案例中，艾利克斯代表着乐天派，乔丹则是现实主义者。谈论过去的经历有助于伴侣理解这种差异背后的原因和故事，这样的话，在遭遇苦难时，伴侣之间的差异就不会成为无条件支持伴侣的阻碍。

记住：这不是一场关于谁受的伤害更多或更严重的比赛，要让伴侣感觉到，他们的痛苦是有人与他们共同分担的，不需要独自承受。

请记住

- 每个人都有过去经历的伤疤。尽管这些伤疤可能依然会让你有消极的感觉，与伴侣分担可以增进你们情感上的亲密感；

- 当"风暴"来袭时，再聊这些就晚了。试着在"阳光明媚的时候"聊聊这些，一旦发生什么糟糕的事情，你可以为伴侣提供最大的支持；

- 在压力之下，许多人会产生暂时的认知障碍。他们会失去表达情感和接纳他人情感的能力。如果是这样的话，双方需要对此表示理解并用深呼吸来重启沟通。

接下来

- 了解并讨论彼此在应对压力时的相似与不同之处；

- 伴侣双方达成协议：相互支持，不评判或挖苦对方任何的过往伤痛；

- 伴侣双方要站在同一条战线上。不论彼此面临怎样的困难，都要并肩作战。

THE ULTIMATE RELATIONSHIP
WORKBOOK
FOR COUPLES

第五部分　性与亲密

尽管许多伴侣觉得讨论性的问题让他们感觉不舒
服，但这却是大多数人都需要解决的一个重要议
题。在这部分的章节中，你将了解如何表达爱意，
如何与伴侣协调彼此的性偏好和欲望，重新点燃
一段渐渐变得冷淡的婚姻。

22 肯定：表达爱意与感激

CHAPTER 22

作为个体，我们倾向怎样表达
和接受爱意？我们如何认可和
称赞对方的优点？

卡罗尔和德夫在大学的时候就建立了很深的感情，他们都认为对方是自己的灵魂伴侣。然而，结婚几年后，他们发觉这段关系陷入了尴尬的境地。总体来说，他们的婚姻还是很牢固的，两人甚至每周都会抽出一个晚上专门安排约会，但他们总觉得缺了点什么。由于每天忙着应付工作和孩子，他们总是与对方擦肩而过，而这种错过更多是情感性的而非身体性的。

一个星期天的早上，德夫在厨房喝咖啡，他转头看向滑动手机的卡罗尔，问道："亲爱的，你幸福吗？"

卡罗尔皱起了眉头，她感到有点儿吃惊。

"幸福啊，当然幸福了，你为什么这么问？"她被他的话惊到了，露出了忧虑的神情，"那你呢？"

德夫回答道："我也很幸福。只是，生活如此忙碌，有时候我想更多地感受你对我的关心，对我的在意。"

"我明白，但是……"卡罗尔迟疑了一下，小心地组织她的语言："你觉得我每天在干什么呢？我在为我们、为这个家拼命工作。而当我在工作时，又是谁在和学校的护士沟通，安排家长教师协会的会议、足球队拼车和这一周的晚餐呢？我所做的一切都是为了这个家。我不知道还能做些什么，让你感到你在我心里是重要的存在。"

德夫回应道："我非常感激你所做的一切，我想我一直有向你表达感谢。"

"是的，你有说，但有时我要的并不仅仅是一个口头的肯定。"

"我明白，"德夫说，"有时我需要的也不仅仅是临出门时的轻轻一吻，我是一个普通人，我有我的需要，我不得不告诉你，我们已经很久没有亲密接触了。"

"我也有需要，"卡罗尔说，"只是我现在的需要与性无关。"

德夫有一些吃惊，这并不是因为卡罗尔有自己的需求，而是因为他最近都没想过，她的需求是什么。他俯下身来，真诚地关心道："你能告诉我，你的需要是什么吗？"

卡罗尔有些被感动到。

她说："我做了那么多努力，这让我感觉很孤独。我明白你每天的工作很累，需要一些空间来释放压力。但当你放松下来回到卧室，突然想要亲近时，我做不到。我需要情感上的联结，我想让你下班后和我聊聊，让我感受一下，我在你心中的优先地位。"

德夫点了点头。

卡罗尔继续说："别误会，我对此很感激，你能因为我所做的事情感谢我。但感谢我和关心我是两码事。我很怀念过去，你常常会问我一天过得怎么样，并听我说闲话。"

"我之前也没有注意这些。"德夫说。

这段对话可以有很多种走向。德夫可以固执己见并指责卡罗尔对闺房之事的冷淡。卡罗尔也可以滔滔不绝地讲述自己为家庭所做的一切，让德夫觉得自己一文不值、无足轻重。但他们没有把这段对话发展为关于自己的失望和未被满足的欲望之间的冲突，而是认识到了两人在表达爱意方面的不同，并利用这个机会认真倾听了对方。这样的做法使他们将一场潜在的争吵转变成了有关个人需求的建设性对话。**记住**：不能只是因为你渴望某种情感表达方式，就认为你的伴侣也是如此。当一对伴侣了解到对方希望、喜欢的事物并努力去实现它时，他们的关系就会更进一步。

问题解析　Work It Out

在盖瑞·查普曼（Gary Chapman）的《爱的五种语言》（*The Five Love Languages*）中，他强调了每个人都有一种偏好的、表达和接受爱的首选方式：身体接触、为对方提供帮助、与对方共处、肯定对方、送礼物给对方。

尽管德夫偏好身体接触，但卡罗尔更想和德夫好好待一会儿。当一对伴侣明白怎样做会使另一半兴奋时，他们就找到了开启最佳亲密关系的密钥。举例说明，如果德夫给了卡罗尔一个拥抱，但卡罗尔只是想要聊聊，没有回应这个拥抱，这并不代表卡罗尔拒绝了德夫，可能只是卡罗尔表达爱意的方式不当而已。

表 22-1 的练习旨在帮助伴侣开展如何回应不同的情感表达方式的对话。

阅读指导语以及表格中的每一句陈述，并在相应的空格圈出最能代表你想法的数字（1 代表最不想要，5 代表最想要）。

当我的伴侣_____时，最能让我感到我是被爱的（特别是当这一天过得不顺心的时候）。

◀ 表 22-1　书写练习 22 ▶

内容	伴侣 A	伴侣 B	爱的语言
通过身体表达爱（如拥抱、牵手或亲吻脸颊）	(1)(2)(3)(4)(5)	(1)(2)(3)(4)(5)	身体接触
通过帮我完成工作或减轻工作量来减轻我的负担	(1)(2)(3)(4)(5)	(1)(2)(3)(4)(5)	提供帮助
通过花一些时间在我身上，与我交流来表达爱意	(1)(2)(3)(4)(5)	(1)(2)(3)(4)(5)	相处时间

续表

内容	伴侣 A	伴侣 B	爱的语言
赞美我，告诉我他 / 她有多么爱我	(1)(2)(3)(4)(5)	(1)(2)(3)(4)(5)	爱的语言
用一个贴心的礼物或动作给我惊喜	(1)(2)(3)(4)(5)	(1)(2)(3)(4)(5)	爱的礼物

畅所欲言　Talk It Out

　　看一下你的答案，以一种能让你深入了解对方思维方式的途径讨论以下问题。越明白对方爱的语言，你们就越能更好地增强彼此之间的情感联结。

◆　你在哪两个方面得分最高?

◆　你们喜欢的情感表达方式在多大程度上是匹配的，又有着怎样的区别?

◆　对于伴侣来说，这些方面如何增强你们的情感联结?

◆　你们每个人打分最低的两个方面是什么? 在什么情况下，它们会给你们带来挑战?

◆　当我们的需要发生冲突时，怎样做才能给予彼此最好的支持？

◆　在现实中，如果你做了一些正确的事，你希望得到怎样的回应？

◆　怎样才能更有效地支持你，让你感受到更多的爱意？

Takeaways

知识拓展

让我们面对这个现实：即使是"灵魂伴侣"，双方也会有不同的接收与表达爱的方式；如果忽视这一点，不被欣赏或不被爱的消极情绪就会增大伴侣之间的分歧。为了避免这种情况发生，伴侣应该知道，怎样让另一方感到兴奋，怎样让伴侣感到小鹿乱撞。

爱是伴侣双方为了缔结婚姻而必须支付的"货币"，人们必须意识到，并非所有支付方式都能被接受，这很重要。或许你可以在商务合作中使用某种特定的信用卡，但这并不意味着你也可以在其他地方购物时使用它。总的来说，你想**用**什么"钱"，这并不重要；重要的是，对方想要**收到**什么"钱"。

请记住

▦ 所有的伴侣都会有不同的表达与接受爱的方式，这很正常；

▦ 如何表达爱意，这不取决于你的需要，而是取决于伴侣的需要；

▦ 任何新的语言都需要练习，在学习和练习爱的语言时，双方要有耐心；

▦ 温柔地提醒伴侣你的需要，或者你认为当下最重要的事是什么。

接下来

▦ 在上一个练习结束时，一定要了解对方青睐的、接收爱的方式；

▦ 敞开心扉，体验伴侣的爱的语言；

▦ 练习用伴侣最喜欢的方式表达对他／她的感激。

23 主动发起性行为

CHAPTER 23

我们的性风格与性偏好是什么?我们亲热的频率为什么会越来越低?怎样才能拒绝性而不拒绝我的伴侣呢?

喜剧演员比利·克里斯托曾说："女人需要一个亲热的理由，而男人只需要一个地点。"

尽管这句玩笑的背后有一定道理，但它代表的大众认知却跟很多伴侣的实际经验相反。社会和整个文化环境都让我们误以为：男人总是想要性生活，而女人不想。但事实上，这不是绝对的。我们的性欲是动态发展的，而非一成不变的，男女的性欲都会因各种因素而发生变化。没有一对伴侣的性生活不随时间影响而发生变化。因此，关键在于要经常讨论这一话题，这样伴侣才会将性以及相关的内在感受和需求放在重要位置上。

克里斯和雷已经结婚 7 年并生育了两个孩子，他们一直纠结于这样的对话。

"我都不记得上次亲热是什么时候了。"克里斯说。

"我也不记得了，"雷回应道，"确实挺长时间没有了，但老实说，我没什么感觉。"

克里斯说："告诉我，你怎样才能有感觉？"

"我不知道，"雷说，"在生孩子、产后恢复、母乳喂养以及激素失调的这段时间里，我真的不想有身体接触。"

克里斯大吃一惊："难道你没有这方面的需要吗？"

"有的时候会有，"她说，"但说实话，在照顾孩子一整天后，我都要累瘫了。这时候，性就像另一种要求，或者你可以这样理解，它好像是我必须照顾的另一个人。而在这种情况下，我通常是疲于应付的。"

"我明白，我很想支持你，"克里斯说，"但请设身处地地为我想想，我有性需求，我一直在努力接近你。当我的努力不断被你拒绝的时候，我会感到挫败。"

"真的吗？"雷问道，"每次都拒绝你其实也让我挺有负罪感的。"

"我不想让你有负罪感。"

"我也不想，"雷看了看自己的手，然后回头望着克里斯说，"我只是不知道怎么解决这个问题。"

性爱带来的情感上和身体上的亲近感是亲密关系的重要部分。有时，比起语言的交流，身体的接触可以传递更多信息。但如果伴侣一方想要性生活而另一方不想，这就会给婚姻带来压力。

在关系的开始，伴侣觉得正常的亲热频率可能与几年后的想法大不相同。我们的性欲发生变化是很正常的，特别是在年纪变大或有了孩子后。随着时间的推移，有的伴侣可能亲热得更频繁，而另一些伴侣的频率则会降低；有一些伴侣会变得更具冒险精神，而另一些伴侣则更关注亲热的频率而非质量。不管怎样，接下来的练习和引导性对话将帮助伴侣探索彼此的性风格和性偏好。

问题解析 **Work It Out**

轮流大声地阅读表 23-1 的内容。伴侣双方应在每一句话后面打分，1 代表非常不同意，5 代表非常同意。

◀ 表 23-1　书写练习 23 ▶

性风格与性偏好	伴侣 A	伴侣 B
如果没有前戏，我就不能真正享受性爱	(1)(2)(3)(4)(5)	(1)(2)(3)(4)(5)
我十分享受给你带来快乐	(1)(2)(3)(4)(5)	(1)(2)(3)(4)(5)
我宁愿每周拥有 1 次快速的性爱，也不愿意隔一周拥有 1 次充满激情的性爱	(1)(2)(3)(4)(5)	(1)(2)(3)(4)(5)
对我来说，拥抱可以代替亲热	(1)(2)(3)(4)(5)	(1)(2)(3)(4)(5)
由你主动发起的性爱对我来说很重要	(1)(2)(3)(4)(5)	(1)(2)(3)(4)(5)
我认为性爱是我们之间的情感联结而不仅仅是身体行为本身	(1)(2)(3)(4)(5)	(1)(2)(3)(4)(5)

性风格与性偏好	伴侣 A	伴侣 B
除非我很好地完成了当天的工作，否则我很难有心情亲热	(1)(2)(3)(4)(5)	(1)(2)(3)(4)(5)
你可以做更多，让我有亲热的心情	(1)(2)(3)(4)(5)	(1)(2)(3)(4)(5)

伴侣双方都打分后，回顾并讨论你们的答案。解释一下你们的需求、渴望以及疑问。努力保持一颗好奇心，从而更好地了解彼此并让性生活的价值最大化。

畅所欲言　Talk It Out

每对伴侣都应该享受美妙的性生活。但如果没有心情，他们也有拒绝的权利。然而，几乎在所有情况下，拒绝亲热都会让对方感到整个人被否定了。和许多伴侣一样，克里斯和雷也在为此苦恼。

怎么办呢？

如果你是没有心情的一方，约翰·戈特曼和朱丽叶·戈特曼（Julie Gottman）在《幸福的家庭》（*And Baby Makes Three*）中建议你试着拒绝**这一行为而不是这个人**。不要用"不"来结束一句话，试着用"但是"来连接两句话。

或许可以这样表达这句话："**不**，我不想亲热，**但是**我想做一些爆米花，然后再看场电影。"这样的话，你就可以回应对方的需求，并通过一项将你们联结起来的活动，让你们的关系更加亲密。

要练习这一关键技能，请在对话中轮流尝试。首先，用你自己的方式询问对方是否想亲热；然后通过提供一个替代活动来拒绝亲热这个行为，而不要拒绝伴侣这个人。

Takeaways
知识拓展

性爱的自然属性本身就会增加兴奋感。尽管好莱坞在捕捉这种兴奋元素上有很大功劳，但对很多伴侣来说，还是存在不少现实的阻碍：责任、疲惫与压力，这些都会在无形中浇灭性爱的火花。

要想将关系中的身体亲密放在优先位置，请认真讨论你们的性欲望（参考第24章）。提前规划性生活吧，千万别犹豫。有人会反驳说，计划性生活会破坏气氛，但其实，对安排好的性生活时间的期待也会带来一种特别的兴奋。尽管这可能并不完美，但安排性生活的时间可以为婚姻关系建构一个框架，让双方有规律地进行性生活，而不是陷入由谁开始、何时开始的争论之中。

请记住

> 在性爱的频率或质量方面没有对错之分——这取决于伴侣双方的需要；

> 当伴侣双方的需要存在错位时，和对方进行沟通，从而建立更牢固的情感联结。伴侣之间的友谊也会帮助你们更顺利地渡过这样的时刻；

> 当你没有心情时，拒绝亲热这一行为而不是伴侣这个人。

接下来

> 与伴侣达成协议——坦诚地表达自己的需求、好奇和渴望；

> 讨论一些你们想在卧室里尝试的、新颖或不同的事情；

> 如果无法自然而然地亲热，翻看一下日历，安排一个亲热的时间。虽然一开始这种安排看起来有一点奇怪，但是比起完全没有性生活，这要好得多。随着时间的推移，这会变得更加自然。

24 枕边私房话：
讨论彼此的欲望

CHAPTER 24

我们想从性爱中得到什么？我们如何在不评价或羞辱对方的情况下讨论自己的欲望呢？

瓦妮莎向已经结婚 13 年的丈夫马丁袒露了心声："任务完成了。"

"是的,"马丁笑着回应,"说实话,我们都不再是小孩子了,我们所做的一切都是为了我们自己,不是吗？"

他们的床头灯亮着,阅读材料散落在床上。这对伴侣正在或者说正试图讨论他们的性生活。

瓦妮莎是一个牧师的女儿,马丁的家庭也会去同一间教堂。他们都在非常虔诚的宗教家庭中长大,在这样的家庭中,性从未被公开谈论过。只有在涉及抚养孩子或者犯罪的情景下,家人才会谈到性。对于瓦妮莎和马丁来说,"情欲""性欲"等词都有负面的含义,尤其是当它们涉及婚前性行为时。这样的成长经历使小有成就的作家瓦妮莎和私人诉讼律师马丁在表达他们的性欲、幻想、好奇以及需求时变得不善言辞。一旦要告诉对方特别喜欢或想要尝试的事情时,他们就变成了害羞的小学生。两人都没有寻求过专业的指导与建议。

在十多年的婚姻中,他们的性生活不可避免地变得越来越平淡。由于对当前性生活状况不满,他们开始探讨这个话题,但不知道该如何进行——他们既害羞又恐惧,觉得欲望一旦说出口就无法收回了。

不管是不是在相似的环境中长大，许多伴侣都会有这种感觉——他们不知道如何开启性相关的话题，也不知道怎样进行下去。通常，越清楚被拒绝有多么痛苦，越害怕让伴侣看到你的脆弱。然而，告诉对方在你内心深处的欲望，这可以帮助伴侣打破关系中逐渐僵化的局面。这不仅会改善伴侣的性生活，还会使伴侣之间产生更深层次的信任与亲密感。

第二天晚上，两人躺在床上，瓦妮莎鼓起勇气转向丈夫，羞怯地问道："你有没有想尝试但还没在卧室里做过的事情？"

马丁脸红地低下了头，说："或许，嗯，有。你呢？"

问题解析　Work It Out

《不只是朋友》（*Not "Just Friends"*）的作者葛莱丝·雪莉（Shirley Glass）博士描述了许多伴侣的相处状况，随着时间的推移，他们的关系会变得疏远，但仍保持着某种基本的身体和情感联系，他们觉得这样还"凑合"。这种状态下的伴侣关系更容易有背叛的风险，比如，一个在家里感到无趣的伴侣，却在工作中遇到了让他/她感到更兴奋的人。或许他们只是将这名同事称作"朋友"，但随着时间的推移，可能就不仅仅是朋友了。尽管马丁和瓦妮莎的婚姻很幸福，但他们在卧室里面临的无趣可能会招致更多的风险，这些风险可能会给他们对彼此的忠诚造成挑战。通过交流彼此的好奇心、需求以及渴望，他们不仅能改善性生活，更重要的是，这可以维护他们的婚姻。

在表 24-1 中，伴侣双方各对应一列。填好表格后，与对方分享并讨论彼此的答案，以探索两人的相似与不同之处。

◀ 表 24-1　书写练习 24 ▶

内容	评价							
	完全不		有一点		在一定程度上		非常	
	伴侣 A	伴侣 B	伴侣 A	伴侣 B	伴侣 A	伴侣 B	伴侣 A	伴侣 B
我天生就很害羞								
在表达我的性需求时，我是舒服的								
在讨论伴侣的性需求时，我是舒服的								
我相信我的伴侣								
我是卧室里的冒险派								
我对我的身体很满意								
我害怕我的伴侣在性方面对我感到失望								
我在可以公开谈论性的家庭中长大								

续表

内容	评价							
	完全不		有一点		在一定程度上		非常	
	伴侣 A	伴侣 B	伴侣 A	伴侣 B	伴侣 A	伴侣 B	伴侣 A	伴侣 B
我从小被教导因自己的身体而自豪								
我值得拥有幸福								

畅所欲言 Talk It Out

轮流提问并回答表 24-1 中的问题。由于本章的主题非常敏感，倾听而不因对方有着性幻想或欲望而指责、评价、羞辱对方，这是很重要的。如果伴侣的想法无法吸引你，敞开心扉，友好地告诉伴侣。尽量不要直接否定这个想法，而是考虑并讨论是否存在有待挖掘的平衡点。记住，越是深入地与伴侣谈论内在的需求，你们就会越好地理解彼此——这正是真正的亲密关系的萌芽。

◆ 和我聊聊你喜欢的第一个人；

◆ 你是从什么时候开始关注自己的性取向的？你还记得这方面的

具体内容吗？

◆ 对你来说，性意味着什么？

◆ 你如何描述自己的性偏好？

◆ 你喜欢的亲热频率是多久一次？

◆ 在你对我的内在需求更了解之后，你有怎样的感受？

◆ 你想要在卧室尝试什么？是什么让你犹豫了？

◆ 我能做哪些你可能会喜欢的事情？

Takeaways

知识拓展

没有什么比在另一个人面前完全展示自己的脆弱更恐怖的了。当你与其他人分享自己的内在想法、感受与渴望时，永远都存在被拒绝的风险。这种恐惧常常会阻碍人们表露本应跟伴侣分享的重要感受，而这些感受可以增进他们的亲密关系。

如果因为害怕被拒绝而隐藏内心的想法，这会让你的伴侣远离你；与伴侣分享则会让你们的关系变得更亲密。当你敞开心扉地谈论欲望时，你真正表达的其实是对伴侣的信任。

请记住

- 建立信任需要时间，不要操之过急；

- 讨论身体的亲密是提升情感亲密度的有力手段；

- 性欲望或性幻想的原因很复杂，它们的存在不一定合乎逻辑，不应该用是否有逻辑或者是否合理来评判它们；

- 要接纳对方。批判或评价对方的欲望会对关系造成损害。

接下来

- 找一个安全并且不会带有评价的空间，向对方表达性欲望，彼此进行情绪交流与信息交换；

- 运用深情的眼神交流和充满情感的支持性身体接触，让伴侣更强烈地感受到你倾听的意愿；

- 参加一个能体现信任的游戏，如保持至少连续 3 分钟安静的眼神交流；

- 坦诚交流彼此的欲望或好奇之处，并商定计划，一起去探索。

25 重燃爱情的火花

CHAPTER 25

随着时间的流逝，我们渐行渐
远了吗？我们怎样才能重新坠
入爱河呢？

西蒙和乔治已经结婚 42 年了，没人想到他们最终会离婚。

他们养大了孩子，还清了贷款，即将步入美好的退休生活。在生命的这个阶段，他们本应享受几十年辛苦工作的回报，可以趁这个机会去放松、旅行、学习新技能并享受有人相伴的幸福。但西蒙和乔治一直没能去看看他们常常挂在嘴边的古罗马竞技场、巴黎卢浮宫和中国的长城，他们感受不到任何喜悦与期待，最后走到了离婚的地步。他们之间没有生存危机，没有外遇，也没有什么无法挽回的创伤——他们只是渐行渐远了。

他们同坐在客厅里的一张破沙发上，两人因最近相处的不快而变得无精打采。他们想竭力弄明白两人之间莫名其妙的鸿沟，以及越来越强烈的失望感的来源。

"如果我们离婚了，朋友们会怎么说？"西蒙问道。

乔治回答道："先别管朋友们了，孩子们和孙子们会怎么说呢？他们不应该为了和祖父母庆祝节日而奔波于两个不同的住处。"

"我明白，我也是这样想的，"西蒙说，"但我太累了，我们之前讨论离婚的事情太多次了，只是最终没有去办手续而已。"

乔治低下了头，重重地叹了一口气："现在我们也不是一定要离婚。我们只是两个不同的人，但我们一直都是这样啊。"

"我不介意我们之间有差异，"西蒙回应道，"我娶你的时候，你就是不同的存在。让我困扰的是，我们从不交流，或者即使我们交流了，对话也像拔牙一样困难。这不是婚姻该有的样子。"

乔治温柔地提高了音量，继续说道："听着，我们都不再是孩子了。现实生活不会像言情小说一样。我不想因为你对爱情抱有幻想而放弃现在拥有的一切。"

"我们都知道，我们从没有真的吵架，也没有迷失方向，所以即使去寻求咨询的帮助，也不知道要改变什么，"西蒙说，"我心里非常爱你，乔治，只是我不那么喜欢和你在一起了。我想和一个能让我感到兴奋和被爱的人在一起。"

在任何关系中，都存在着一股看不见的力量——一种让人漂泊不定的力量。就像月球对海浪的引力一样，你看不见它，但它始终存在，温柔地影响着潮汐。当一对伴侣不能坚持用心经营他们的婚姻时，随着时间的流逝，他们之间的爱意可能会慢慢消失。

然而，正如时间可以拉长伴侣间的距离一般，它也可以缩小伴侣间的距离，只是两人都需要付出一些努力。伴侣双方可以参与"好奇心对话"，重新燃起爱的火花。

　　与冷静的对话不同，好奇心驱使的对话体现着一种温柔、有趣以及情感脆弱的特点。这项对话旨在重新和伴侣约会并弄清楚那些随着时间而发生改变的事情。约翰·戈特曼博士在《人的七张面孔》（*The Relationship Cure*）中将每一对伴侣的浪漫基础描述为"爱情地图"。你越了解如何走进伴侣的心，你们的婚姻越成功。随着时间的推移，每个人都会发生改变，因此，我们需要调整我们的固有思维和行为方式，而这些对话则可以帮助伴侣重新建立联结并更新他们的"爱情地图"。

问题解析　Work It Out

　　在重新与对方建立联结之前，有必要评估一下你和伴侣之间的疏远程度。表 25-1 呈现了一些回答"是 / 否"的问题，伴侣双方都要完成它们。可以把它想象成一次采访，伴侣双方轮流充当提问者和回答者，并把答案写在空格中。在完成一轮问答之后，双方互换角色。当伴侣完成这一过程后，互相聊聊在这段关系中的感受，以及你是否做好准备为关系变得更加亲密而努力。

　　你的答案将有助于揭露一些潜藏在你内心深处的痛苦。当一段关系因距离和失望而产生裂痕时，伴侣双方就可能伤害彼此，因此，一定要正视你感知到的任何一种负面情绪。这种情况也是很常见的。

◀表 25-1　书写练习 25▶

问题	伴侣 A （是 / 否）	伴侣 B （是 / 否）
你期待和我单独相处吗？		
你觉得我理解你每天的压力吗？		
当你心情不好的时候，你能感受到我对你的支持吗？		
在这段婚姻中，你觉得孤独吗？		
你会不会偶尔对我们的未来产生怀疑？		
当我们分开时，我会不由自主地联系你吗？		
我真的了解那些对你来说很重要的事情吗？		
我能让你开怀大笑吗？		
如果发生了什么大事，你想和我分享吗？		
当我们的关系越来越疏远时，你会努力与我重新建立联结吗？		

畅所欲言　Talk It Out

正如这个练习展示的那样，仅仅通过发起一次可以让伴侣双方建立联结、大笑、探索、做梦的对话，就有望重新燃起两人之间爱的火花。

首先，让一方阅读下面的问题或提示，双方带着对彼此的好奇心，讨论 3~5 分钟。率先读的一方应继续提出后续的探究性问题，澄清各自的观点。一次成功的好奇心对话应该自由地展开，没有条条框框的束缚。当另一方回答完之后，双方互换角色。**记住：这项练习并不是比赛——答案没有对错之分。**

想象一下，如果你能和最喜欢的明星出去喝咖啡，你会不会有一百万个问题想问他 / 她？假设此时坐在你对面的是一个让你感到好奇的陌生人。

◆ 如果你能去世界上任何地方旅行，你想去哪里？为什么？

◆ 谈一谈让你感到害怕的一件事，你当时是如何挨过的？

◆ 还记得你情绪崩溃的时候吗？是什么让你平静下来的？

◆ 描述一个你仍然希望实现的梦想，为什么这个梦想如此重要呢？

◆ 描述一下你想念的人，你为什么想他 / 她？

◆ 你最喜欢的两本书是什么？你为什么喜欢它们？

◆ 你还记得让你充满安全感的一段童年经历吗？

◆ 如果你能遇到历史上的任何一个人，你希望是谁，为什么？

◆ 在家庭中，谁和你的关系最紧密？这段关系对你来说意味着什么？

Takeaways

知识拓展

在继续练习之前，请记住：许多伴侣都像西蒙和乔治那样，他们在这段婚姻中没做错任何事情，只是随着时间的推移，双方变得厌倦了。疏远是每段关系发展过程中的自然阶段。重要的是，不要因为可能会和你的伴侣变得疏远而感到压力，而是要抓住这个机会，一同努力改善你们之间的关系。

当你激活那些负责好奇、想象、有趣和梦想的相关脑区时，即使与非常熟悉的人进行很平常的对话，那也会变得非常有趣。这可能不会起到立竿见影的效果，但如果带着真诚的承诺与好奇心，你将学会如何重新欣赏你最爱的人。

请记住

▨ 要带着比较强烈的意愿去重新建立联结；

▨ 由于你们太了解彼此，可能会不自觉地假设或评价对方的答案，努力不要评价对方，而是保持好奇；

▨ 敞开心扉，努力地发现彼此从未展现的一面；

▨ 当你经常向伴侣表达感谢并讨论你欣赏的他／她的品质时，你们之间的联结就可以重新被建立。

接下来

- 伴侣双方达成协议，情感上要双向奔赴，并要在交谈中更多地表露自己的弱点；

- 每周选择一个固定的时间和地点与对方进行交流，在这一过程中，双方都要把手机收起来；

- 亲密的肢体语言和眼神交流是必不可少的，确保自己与伴侣面对面坐着。

参考文献

REFERENCE

Bowlby, John, Miesen Bére, and Joep Munnichs. *Attachment, Life-Span and Old-Age*. Deventer: Van Loghum Slaterus, 1986.

Chapman, Gary. *The Five Love Languages: How to Express Heartfelt Commitment to Your Mate*. Nashville, TN: LifeWay Press, 2010.

Diagnostic and Statistical Manual of Mental Disorders: DSM-5. Arlington, VA: American Psychiatric Association, 2017. "Online Quick Poll Statistics." Divorce Magazine, October 6, 2014.

Fisher, Helen. *Why We Love: The Nature and Chemistry of Romantic Love*. New York: H. Holt, 2005.

Glass, Shirley. *Not "Just Friends": Rebuilding Trust and Recovering Your Sanity After Infidelity*. New York: Simon and Schuster, 2007.

Gottman, John Mordecai. *Principia Amoris: The New Science of Love*. New York: Routledge, Taylor & Francis, 2015.

Gottman, John Mordecai, and Julie Schwartz Gottman. *And Baby Makes Three: The Six-Step Plan for Preserving Marital Intimacy and Rekindling Romance After Baby Arrives*. New York, NY: Three Rivers Press, 2008.

Gottman, John Mordecai, and Julie Schwartz Gottman. "The Marriage Survival Kit: A Research-Based Marital Therapy." *Preventive Approaches in Couples Therapy*(1999): 304-30.

Gottman, John Mordecai, and Joan DeClaire. *The Relationship Cure: A 5-Step Guide to Strengthening Your Marriage, Family, and Friendships*. New York: Three Rivers Press, 2002.

Gottman, John Mordecai, and Nan Silver. *The Seven Principles for Making Marriage Work: A Practical Guide from the Country's Foremost Relationship Expert*. New York: Harmony Books, 2015.

Marks, Loren. "How Does Religion Influence Marriage? Christian, Jewish, Mormon, and Muslim Perspectives." *Marriage & Family Review* 38, no. 1 (2005): 85–111. doi.org/ 10.1300/J002v38n01_07.

Perel, Esther. *The State of Affairs: Rethinking Infidelity*. New York: HarperCollins, 2017.

Wedekind, Claus, and Sandra Füri. "Body Odour Preferences in Men and Women: Do They Aim for Specific MHC Combinations or Simply Heterozygosity?" *Proceedings of the Royal Society of London. Series B: Biological Sciences* 264, no. 1387 (1997): 1471–79. doi.org/10.1098/rspb.1997.0204.

索　引

INDEXES

A

爱（Affection）

道歉（Apologies）

争吵（Arguments）

依恋（Attachments）

回避行为（Avoidant behavior）

C

童年经历（Childhood experiences）

生育计划（Children planning）

养育孩子（Children raising）

承诺（Commitment）

沟通风格（Communication styles）

适合（Compatibility）

妥协（Compromise）

冲突（Conflict）

沟通风格（Conversations communication styles）

点燃好奇心的对话（Conversations curiosity）

有压力的对话（Conversations stress）

成功的对话（Conversations successful）

F

忠诚（Faithfulness）

原生家庭（Family extended）

家庭计划（Family planning）

感受与情绪（Feelings and emotions）

争吵（Fighting）

情绪淹没感（Flooding）

友谊（Friendships）

H

遭遇困难（Hardships）

I

独立个性（Individuality）

情感亲密（Intimacy emotional）

性亲密（Intimacy sexual）

L

迷恋（Limerence）

倾听（Listening）

丧失（Loss）

爱的语言（Love languages）

原文书名：The Ultimate Relationship Workbook for Couples：Simple Exercises to Improve Communication and Strengthen Your Bond

原作者名：Ari Sytner